KB272628

심리를 알면
자녀 교육이
보인다

심리를 알면 자녀 교육이 보인다

아이의 성격·감정 반응,
발달 단계마다 달라지는
심리적 욕구

김정미 지음

차례

Part I

유아기 자녀를 둔 부모의 역할

Part Ⅳ

성인이 된 자녀를 둔 부모의 역할

추천사

갓 태어난 첫 아이를 안았을 때가 떠오른다. 품 안에서 쌔근거리던 작은 생명. 새 식구가 찾아온 기쁨이 사그라든 것은 산후조리원을 나와 본격적인 육아가 시작되면서부터였다. 내 자식을 사랑하는 마음과는 별개로 아기를 키우는 일은 생각보다 어려웠다. 아기가 처음으로 세상을 만난 것처럼 엄마, 아빠도 부모 노릇이 처음이었기 때문이다. 백 일도 안 된 아이를 안고 이 아이가 성인이 되고 독립을 하려면 20년이나 더 지나야 한다는 생각에 막막했던 기억이 난다.

이 책은 부모를 위한 육아 안내서다. 아이가 태어나서 성인이 될 때까지의 발달적 특성을 심리학 이론을 바탕으로 설명하며, 시기별로 아이들을 이해해야 할 포인트와 문제행동의 해결책들을 차근차근 제시해 준다. 처음부터 완벽한 부모는 없다. 내 아이를 잘 키우고 싶다는 마음만으로 좋은 부모가 되기는 힘들다. 당연하지만 부모도 배움이 필요하다. 출산을 앞둔 예비 부모부터 성인이 된 자녀와 함께 살아가는 부모들까지, 김정미 박사의 따뜻하면서도 섬세한 가르침을 따라가 보자.

●멸종위기 1급 토종 문화심리학자 한민

부모가 된다는 것은 세상에서 가장 자연스럽지만 동시에 가장 어려운 변화입니다. 어떤 교과서도, 어떤 선배나 부모의 조언도 우리 아이에게 완벽히 맞아떨어지지 않습니다. 왜일까요? 아이의 마음은 모두 다르고, 부모의 마음 역시 각자 다른 모양을 하고 있기 때문입니다. 그래서 교육은 지식이 아니라 심리를 이해하는 일에서부터 시작됩니다.

아이의 행동 뒤에는 이유가 있습니다. 고집은 불안의 다른 이름일 수 있고, 떼쓰기는 도움을 요청하는 방식일 수도 있습니다. 말이 느린 아이는 속도가 느린 것이 아니라 세상을 더 깊게 들여다보고 있는 것일지 모릅니다. 이러한 마음의 신호를 읽어내기 시작하는 순간, 부모는 더 이상 흔들리는 존재가 아닌 아이의 든든한 안내자가 됩니다.

이 책은 부모가 '더 완벽해지기 위한' 책이 아닙니다. 오히려 부모 스스로의 감정과 마음을 이해하고, 아이의 마음을 듣는 법을 배우는, 관계의 심리학에 대한 안내서입니다. 심리학은 결코 먼 학문이 아닙니다. 우리가 매일 겪는 감정과 갈등, 그리고 사랑

속에 깊이 스며 있는 삶의 언어입니다.

아이의 성격, 감정 반응, 발달 단계마다 달라지는 심리적 욕구를 이해한다면, 우리는 혼란스러웠던 수많은 순간의 이유를 찾아낼 수 있습니다. 엄격함보다 이해가, 지시보다 공감이, 완벽한 대답보다 함께하려는 태도가 아이를 성장시킵니다.

이 책을 펼치는 이 순간, 당신은 이미 아이와 더 가까워지는 길 위에 서 있습니다. 이 책을 통해 심리학이 부모됨의 여정에 따뜻한 등불이 되기를 바라며, 그 첫걸음을 여러분과 함께 내딛습니다.

2026년 봄이 오는 길목에서
김정미

유아기 자녀를 둔 부모의 역할

유아기 부모의 핵심 역할은 아이의 안전·정서·발달을 균형 있게
지지하며, 자율적 탐색을 가능하게 하는 환경을 만들어주는 것이다.
이 시기의 부모 행동은 아이의 평생 정서 안정과
사회성, 학습능력의 기초가 된다.

(1)

부모가 자녀에게
줄 수 있는
가장 위대한 유산

: **애착 이론** attachment theory :

애착이란 유아가 생존을 위해 양육자에게 정서적으로 연결되는 본능적인 행동으로, 정서적 안정감을 위한 근본적인 욕구이다.

부모는 아이가 처음으로 마주하는 사회적 환경이며, 평생에 걸쳐 형성될 인격의 토대가 된다. 그렇기에 아이가 태어나 가장 먼저 양육자와의 관계 속에서 획득해야 할 인생의 과업은 세상에 대한 신뢰이다. 이 신뢰는 양육자와 맺는 친밀한 관계, 애착을 통해 형성된다.

부모가 된다는 것은 또 다른 탄생을 의미한다. 어제까지는 나의 삶을 꾸려가던 사람이었지만 이제 나는 한 존재의 전부가 되어야 한다. 아이를 낳고 부모가 처음으로 수행해야 할 역할은 보호자이다. 아이를 품에 안고, 세상으로부터 안전하게 지켜주는 존재가 되는 것이다. 자녀에게 안정과 애착을 선물해야 할 중요한 존재인 것이다.

루마니아의 공산주의 독재자 니콜라에 차우셰스쿠Nicolae Ceauşescu 정권(1965~1989) 아래에서 발생한 탁아소 신생아 사망 사건은 20세기 후반 동유럽 역사상 가장 충격적인 국가 주도 아동학대 사례 중 하나로 손꼽힌다. 이 비극은 심리학적으로도 깊은 의미를 지니며, 존 볼비John Bowlby의 애착 이론의 대표적인 사례로 자주 인용된다.

차우셰스쿠 정권은 '인구 증가가 곧 국가 번영'이라는 이념 아래, 피임과 낙태를 금지하며 강력한 출산 장려 정책을 시행하였다. 이로 인해 출생한 수많은 아이가 가정이 아닌 대규모 국립 탁아소에 맡겨졌고 이들 기관은 최소한의 위생과 음식만 제공한 채 심각한 정서적 결핍 속에 아이들을 방치하였다.

탁아소에는 수백 명의 아이들이 수용되었지만, 보육 인력은 턱없이 부족했으며 한 명의 유모가 수십 명의 영아를 돌보는 구조였다. 기본적인 생리적 욕구는 충족되었지만, 정서적 접촉과 애정 표현, 말 걸기 등의 자극은 거의 제공되지 않았다. 그 결과, 이례적으로 높은 영아 사망률이 나타났고, 생존한 아이들 또한 언어발달 지연, 자폐 스펙트럼 장애, 지적 장애 등의 문제를 겪게 되었다.

이 사건을 조사한 전문가들은 영아들의 주요 사망 원인이 단순한 영양 부족이 아니라 정서적 박탈이라는 사실을 밝혀냈다. 루마니아 사례는 정서적 애착과 접촉, 상호작용이 생존에 필수적이라는 사실을 극명하게 보여주는 대표적인 사례로 애착 이론의 중요성을 입증하는 결정적 계기가 되었다.

애착 이론과 존 볼비

애착 이론의 창시자인 존 볼비는 영국 런던의 상류층 가정에서 태어난, 이른바 '금수저'였다. 그는 부유한 환경에서 성장했지만, 어린 시절 대부분을 친모가 아닌 유모의 손에 자랐고 그 과정에서 유모와 깊은 정서직 유대를 형성했다. 그러나 유모가 갑작스럽게 집을 떠나면서 그는 큰 상실감을 경험하게 된다. 지적이고 품격 있는 친어머니가 곁에 있었음에도 불구하고, 그 상실의 충격은 쉽게 치유되지 않았다. 이러한 어린 시절의 정서적 상처는 훗날 그가 주 양육자와의 분리 경험이 아이에게 미치는 영향에 깊은 관심을 가지는 중요한 계기가 되었고, 애착 이론을 탐구하는 출발점이 되었다.

애착Attachment이란 유아가 생존을 위해 특정 인물, 주로 어머니나 주 양육자에게 정서적으로 연결되려는 본능적인 행동을 말한다. 이는 단지 보호를 받기 위한 행동을 넘어, 정서적 안정감safe base을 확보하려는 본질적 욕구이다. 인간은 태어날 때부터 이러한 본능을 지니고 있으며, 단순한 생리적 욕구 충족만으로는 애착이 형성되지 않는다.

양육자가 아이에게 보내는 따뜻한 눈길, 부드러운 신체 접촉, 눈맞춤, 끊임없는 말 걸기와 같은 정서적 상호작용이 핵심이다. 그래서 많은 부모가 아직 말도 못 하고 알아듣지도 못하는 아기에게도 "배고팠어?", "응가했네", "맛있어?" 같은 말을 끊임없이 건네는 것이다. 이러한 '혼잣말 같은 대화'는 정서적 유대의 씨앗을 심는 중요한 순간들이다.

애착 형성은 출생 후부터 3세 사이에 가장 강하게 이루어진다. 이 시기에 아이의 마음속에는 삶의 기초를 이루는 '내적 작동 모델Internal Working Model'이 형성된다. 이는 자신과 세상에 대한 근본적인 신념 체계로, 따뜻한 보살핌을 받은 아이는 "나는 사랑받을 가치가 있다", "세상은 안전하다"는 인식을 갖게 되며, 방임이나 냉대 속에서 자란 아이는 "나는 무가치하다", "세상은 위협적이다"라는 틀을 형성하게 된다.

존 볼비의 이론은 심리학자 메리 에인스워스Mary Ainsworth에 의해 더욱 구체화 되었는데, 그녀는 '낯선 상황 실험Strange Situation'을 통해 유아의 애착 유형을 네 가지로 분류했다. 이 실험은 양육자가 아이를 낯선 사람과 함께 남겨두고 잠시 자리를 떠났다가 다시 돌아왔을 때, 그 과정에서 나타나는 아이의 반응을 관찰하여 애착 유형을 구분하는 방식이다. 4가지 애착 유형은 다음과 같다.

4가지 애착 유형

1) 안정 애착^{Secure Attachment}

아이는 양육자가 떠날 때 불안해하며 울지만, 양육자가 돌아오면 금세 안정을 찾는다. 건강하고 신뢰 기반의 애착 유형이다.

2) 불안-회피 애착^{Avoidant Attachment}

이 유형의 아이는 양육자가 떠나거나 돌아와도 별다른 반응을 보이지 않는다. 흔히 말해 낯을 가리지 않는 아이처럼 보인다. 겉보기에는 독립적인 모습이지만, 실제로는 감정을 억제한 결과일 가능성이 크다.

3) 불안-양가 애착^{Ambivalent Attachment}

이 유형의 아이는 양육자가 떠날 때 울며 매달리지만, 돌아왔을 때는 안기며 반가움을 표현하기보다는 분노를 보이거나 밀쳐내는 반응을 나타내며, 감정이 쉽게 안정되지 않는다. 쉽게 말해, 울음이 쉽게 그치지 않는 떼쓰는 아이처럼 보이는 유형이다.

4) 혼돈 애착^{Disorganized Attachment}

가장 불안정한 유형으로, 공포와 혼란이 뒤섞인 예측 불가능한 반응을 보인다. 보통 학대나 방임을 겪은 아이들에게서 나타난다.

원숭이 실험으로 검증된 애착의 중요성

애착 이론을 실험적으로 입증한 대표적인 연구는 1950~60년대 해리 할로우Harry Harlow의 원숭이 애착 실험이다. 그는 먹이 공급이 아닌 정서적 접촉과 안정감Contact Comfort이 애착 형성의 핵심임을 보여주었다.

그는 새끼 원숭이에게 두 종류의 인공 어미를 제공했다. 하나는 철사로 만들어져 먹이를 제공하지만 차갑고 딱딱한 어미였고, 다른 하나는 먹이는 없지만 따뜻한 천으로 감싸진 '헝겊 어미'였다. 실험 결과, 새끼 원숭이들은 배가 고플 때만 철사 어미에게 다가가고, 곧바로 헝겊 어미에게 돌아와 대부분 시간을 그 곁에서 보냈다. 더 나아가 위협적인 자극이 주어졌을 때에는 헝겊 어미에게 달려가 안기며 위안을 얻었고, 위안을 얻은 뒤에는 다시 위협적인 대상에게 다가가 탐색 행동을 보이기도 했다. 이 실험은 안정적인 애착이 유아의 탐색 행동과 스트레스 대처 능력, 그리고 자신감 형성에 지대한 영향을 미친다는 사실을 분명하게 보여준다.

유아기의 애착 경험은 단지 한 시기의 정서적 안정을 넘어서, 이후 자존감, 정서 조절 능력, 대인관계, 스트레스 대처 능력 등 전 생애에 걸쳐 깊은 영향을 미친다는 결론이다. 뿐만 아니라 성인이 된 후의 연애 관계, 친구 관계, 자기 이해에도 애착 유형이 영향을 준다는 연구 결과도 있다.

이처럼 부모와 자녀 간의 정서적 유대는 단순한 사랑의 표현을 넘어, 아이가 건강한 삶을 살아가는 데 가장 근본적인 토대가 된다. 따라서 출생 이후 부모와 자녀 사이에 안정적인 애착을 형성하는 일은 부모가 가장 먼저 책임져야 할 중요한 과제라고 할 수 있다. 안정 애착을 형성하기 위한 핵심적인 양육 방법은 다음과 같다.

안정 애착을 위한 부모의 양육 방법

1) 아기의 신호에 민감하게 반응하기

아기는 울음, 표정, 몸짓, 시선 등 여러 신호로 자신의 마음을 표현한다. 이때 양육사는 이 신호들을 민감하게 알아차리고, "너의 마음을 보고 있어"라는 느낌이 들도록 따뜻하게 반응해 주어야 한다. 반응은 빠르되, 과하지 않는 자연스러운 태도가 아기에게 큰 안정감을 준다.

2) 따뜻하고 안정된 정서 교류하기

부모의 감정은 아기에게 그대로 전달된다. 부드러운 말투와 따뜻한 표정, 눈맞춤 한 번이 아기에게는 "세상은 안전하다"는 메시지가 된다. 따라서 기저귀를 갈거나 목욕을 시키는 짧은 순간에도 아기에게 말을 건네고 눈을 맞추려는 노력이 필요하다. 비록 아직 말을 알아듣지 못하는 시기라 해도 양육자의 따뜻한 목소리와 시선이 아기에게 가장 편안한 언어가 되어준다.

3) 풍부한 스킨십과 애정 표현하기

스킨십은 아기에게 가장 직접적이고 강력한 안정 신호이다. 안아주기, 포근하게 안고 흔들어주기, 가볍게 토닥이기, 함께 누워 있기 등 일상 속 작은 접촉이 아기의 마음을 편안하게 만들어준다. 아기는 이런 신체적 따뜻함을 통해 "나는 사랑받는 존재구나"라고 느끼게 된다.

4) 탐색을 지지하는 '안전기지'가 되어주기

안정 애착의 핵심은, 아기가 "필요하면 언제든 돌아갈 수 있는 안전한 사람이 있다"는 확신을 갖도록 하는 것이다. 아기가 주변을 탐색할 때 지켜봐 주고, 무서워하거나 불안해 하면 즉시 돌아갈 수 있는 품을 제공해 주어야 한다. 그러기 위해서는 무엇보다 양육자의 정서적 안정이 중요하다. 아기는 부모의 감정 스타일을 거울처럼 배운다. 그러므로 부모가 과도한 스트레스 상태라면 잠시 쉬고 자신을 돌보는 것도 중요하다.

안정 애착은 민감한 반응, 따뜻한 정서적 교류, 충분한 스킨십, 그리고 아이에게 안전기지가 되어주는 역할이 자연스럽게 어우러질 때 형성된다. 부모됨의 시작은 완벽함이 아니라, 자신의 불완전함을 받아들이는 태도에서 출발한다. 처음부터 모든 것을 잘 해낼 수는 없다. 아이를 재우다 문득 눈물이 날 수도 있고, 너무 지쳐서 '오늘은 정말 버겁다'고 느끼는 날도 있다. 그러나 이러한 감정들 역시 부모가 되어가는 과정의 일부이다.

중요한 것은 실패하거나 흔들리는 순간에도 다시 아이에게 돌아오려는 마음이다. 불완전함 속에서 관계는 오히려 더 깊어진다. 완벽한 부모보다 매 순간 아이를 위해 애쓰는 '충분히 좋은 부모good enough parent'가 안정 애착을 만들어 간다. 이러한 작은 노력들이 차곡차곡 쌓여 아기의 평생 정서적 건강을 지탱하는 든든한 토대가 되며, 그 점에서 안정 애착 형성은 부모가 자녀에게 줄 수 있는 최고의 유산이라 할 수 있다.

훈육을 할 것인가, 학대를 할 것인가

： 빅터 프랭클 이론 Viktor Frankl therapy ：

빅터 프랭클의 이론은 인간이 어떠한 상황 속에서도 자신의 태도를 자유롭게 선택할 수 있는 능력이 있다는 이론이다.

부모 교육 현장에서 수강자들이 가장 어려움을 호소하는 부분 중 하나는 바로 '자녀 훈육'이다. 통계를 보면 아동 학대 가해자 1순위가 친부모라는 사실에서 알 수 있듯이 훈육은 우리 사회가 풀어야 할 중요한 과제이기도 하다.

부모의 역할은 크게 두 가지이다. 사랑하기와 가르치기(훈육)이다. 아이들은 자라면서 사회 구성원으로서 타인과 공존할 수 있는 태도와 행동을 배워야 한다. 따라서 공동체 안에서 지켜야 할 질서와 규범을 가르치는 일은 부모에게 주어진 중요한 역할이며 책임이다.

훈육은 자녀의 잘못된 행동을 단호하게 알려주는 것이다. 여기서 말하는 단호함은 무섭게 하라는 뜻이 아니다. 아이의 잘못된 행동이 고쳐질 때까지 간단명료한 말로 일관성 있게 지도하는 것을 의미한다. 훈육 과정에서 아이가 공포심을 느껴서는 안 된다. 부모가 감정을 다스리지 못한 채 화를 내면, 이는 신체적·정서적 학대로 이어질 수 있기 때문이다. 정서적 학대는 눈에 잘 드러나지 않지만, 아이에게 평생 상처나 트라우마로 남을 수 있다.

훈육이 어려운 이유는 부모가 아이의 행동을 빠르게 바로잡고 싶어 하는 욕구 때문이다. 그러나 아이가 잘못을 스스로 인지하더라도, 그것이 행동으로 옮겨져 습관으로 자리 잡기까지는 시간이 필요하다는 점을 기억해야 한다. 처음으로 세상의 질서와 규칙을 배우는 아이에게 '하고 싶은 것을 참으며 규칙을 따른다'는 것은 결코 쉬운 일이 아니다. 따라서 훈육이란 아이의 잘못된 행동이 바람직한 행동으로 자리 잡을 때까지 꾸준히 알려주고 이끌어 주는 과정이다.

자극과 반응 사이, 부모의 선택이 만드는 훈육

훈육의 출발점은 부모 자신의 '감정 안정'이다. 하지만 여러 번

일러주어도 잘못된 행동이 반복되거나, 부모의 생활 스트레스까지 쌓인 상태라면 감정을 가라앉히는 것이 쉽지 않다. 여기서 빅터 프랭클의 경험과 이론이 큰 도움을 준다. 그는 제2차 세계대전 당시 아우슈비츠 수용소에서 살아남은 정신과 의사이다. 그는 수감자들의 행동을 관찰하며, 같은 극한 상황에서도 사람마다 다르게 반응한다는 것을 발견했다. 죽음의 공포에 떨며 절망하는 사람도 있었고, 짧은 휴식 시간에도 감사기도를 하며 인간으로서 존엄을 끝까지 지킨 사람도 있었다.

그가 발견한 핵심 이론은 다음과 같다. '자극과 반응 사이에는 공간이 있으며, 그 공간 안에는 선택할 수 있는 자유와 힘이 존재한다. 그 선택에 우리의 성장과 행복이 달려 있다.' 훈육도 마찬가지다. 아이가 부모의 기대와 다르게 행동했을 때, 부모에게 '공간'이 있으면 화난 감정을 알아차리고 조절한 뒤 합리적 반응을 선택할 수 있다. 하지만 '공간'이 없는 부모는 즉시 버럭 화를 낼 수밖에 없다.

이때 감정적 여유를 확보하기 위해 스스로 숨 쉴 수 있는 공간을 넓히는 것이 중요하다. 화가 치밀어 오를 때는 잠시 그 자리를 벗어나는 것만으로도 큰 도움이 된다. 그다음 4·8 호흡법을 활용해 보면 도움이 된다. 4초 동안 배를 부풀리며 코로 숨을 들이마신 뒤, 8초 동안 배를 안쪽으로 당기며 천천히 숨을 내쉰다. 날숨을 들숨의 두 배로 길게 하는 이 간단한 호흡법을 두세 차례 반복하면 감정을 안정시키는 데 효과적이다.

필자가 개인적으로 활용하는 방법 하나를 덧붙이자면, 주변에서 일곱 가지 무지개색을 찾아보는 것이다. '빨강은 어디 있지? 주황은?' 하고 하나씩 색을 찾다 보면, 화를 유발했던 상황에서 자연스럽게 한발 물러나게 되고 생각도 다른 곳으로 전환된다. 이 과정은 격앙된 감정을 가라앉히는 데 큰 도움이 된다. 어떤 방법이든 부모의 감정이 안정되었다면, 훈육은 이미 절반 이상 성공한 것이라 할 수 있다.

다음 단계는 자녀의 마음을 헤아려 주는 감정 수용, 즉 공감이다. 여기서 말하는 공감은 자녀의 편을 들어주거나 행동에 동조하는 것이 아니라, 부모로서의 기준을 유지한 채 자녀의 감정을 이해하는 것을 의미한다. 예를 들어 동생을 때리는 장면을 목격했다면, 먼저 부모 자신의 감정을 가라앉힌 뒤 아이의 이야기를 들어야 한다. 그리고 그 행동 뒤에 숨겨진 감정을 수용해 준다.

"듣고 보니 정말 화가 날 만했구나. 네가 아끼는 장난감을 망가뜨렸다면 누구라도 속상했을 거야." 이처럼 부모가 먼저 공감한 뒤 자신의 의견과 규범을 전하면, 아이는 스스로 상황을 돌아보고 올바른 판단과 행동을 선택할 가능성이 커진다. 반대로 위협하거나 겁을 주어 행동을 고치게 하는 방식은 단기적인 효과만 있을 뿐, 장기적으로는 부모에 대한 반감만 쌓이게 된다.

훈육에서 마지막으로 중요한 요소는 일관성이다. 부모는 "어떠한 경우에도 폭력은 안 돼! 폭력은 정당화될 수 없어!"라고 명확히 말해주어야 한다. 그러나 간혹 "네가 먼저 때리는 것은 안 되지만, 친구가 때리면 너도 때려도 돼"와 같은 말을 하는 경우가 있다. 이런 메시지는 비일관적이어서 아이를 혼란스럽게 만들 수 있다. 마찬가지로, 부모가 기분이 좋을 때는 넘어가고, 기분이 나쁠 때만 야단치는 것도 바람직하지 않다. 이러한 경우도 역시 일관성이 결여된 것이다.

정리하면, 바람직한 훈육에는 세 가지 핵심 요소가 필요하다. 부모의 감정적 안정, 자녀 감정에 대한 수용, 그리고 일관성 있는 규범의 전달이다. 이 가운데 가장 어려운 것은 부모가 자신의 분노를 다스리는 일일 것이다.

빅터 프랭클은 "자극과 반응 사이에는 선택이 있고, 그 선택에 따라 우리의 성장과 행복이 결정된다"고 말했다. 이 말을 되새기며 훈육의 순간에도 지혜로운 선택을 할 수 있기를 기대한다. 자녀는 훈육의 대상이기 이전에 사랑의 대상이며, 훈육 또한 사랑에서 비롯되어야 한다.

재우면서 만드는
'성공의 마술봉'

： 서브리미널 효과 Subliminal Effect **：**

서브리미널 효과란 인간이 인지하지 못할 수준의 자극을 통해 인간의 감
정과 행동에 영향을 줄 수 있다는 이론이다.

워렌 버핏, 빌 게이츠, 아인슈타인, 프로이트, 에릭
슨, 스티븐 스필버그. 이들의 공통점은 각 분야를 이끄는 천재들
이다. 또 하나의 공통점은 유대인이라는 것이다.

유대인은 1,000년 이상 나라 없이 떠돌았던 민족으로, 역사
속에서 수많은 고난과 핍박을 겪었다. 그럼에도 오늘날 유대인은
세계를 움직이는 주축이 되었다. 세계적 기업에는 유대인 자본이
들어가 있고, 명문대 교수와 학생의 25% 이상이 유대인이다. 세

계 인구의 0.3%인 소수민족임에도 불구하고, 노벨상 수상자의 4분의 1 이상이 유대인이며, 미국 내 최고 부자 40명 중 절반이 유대인이고, 20세기를 주도한 지성 20명 중 15명이 유대인이다.

이처럼 어려운 시련을 극복하고 세계 곳곳에서 눈부신 활동을 하는 유대인에게는 어떤 특별함이 있을까? 그 비결 중 하나는 유아기부터 시작하는 가정교육이다. 세계적으로 유명한 유대인 교육법에는 하브루타Havruta 등 다양한 방식이 있다. 그중 한 가지는 잠들기 전 짧은 시간 동안 자녀에게 책을 읽어주거나 이야기를 들려주는 것이다. 많은 유대인이 어려서 들었던 이야기를 기억하며 자신의 성장과 창의력에 영향을 주었다고 말한다.

심리학에서는 이를 서브리미널 효과Subliminal Effect와 연결 지어 설명한다. 서브리미널 효과란 의식의 경계 아래sub-liminal에 자극을 주어 행동이나 태도를 변화시키는 심리적 효과를 의미한다. 쉽게 말해, 잠재의식을 통해 변화를 이끌어내는 것이다. 즉, 우리가 의식적으로 인식하지 못하는 잠재의식 수준의 자극이 우리의 태도, 감정, 행동에 영향을 미치는 현상을 말한다.

서브리미널 효과는 1957년 미국 광고업자 제임스 비커리James Vicary가 극장에서 영화 장면 사이에 팝콘과 콜라 이미지를 매우 짧은 순간(1/3000초) 삽입하여 보여주면서 처음 주목받았다. 이 시간은 의식적으로 감지할 수 없는 찰나였기 때문에, 관객들은 해당 이미지가 삽입된 사실을 전혀 알지 못했다. 그러나 비커리는 영화 관람 후 관객들의 팝콘과 콜라 구매량이 증가했다고 주장하며 큰 주목을 받았다. 이후 다양한 연구와 논란이 이어졌지만, 현대 심리학 연구에서는 서브리미널 메시지가 태도, 선호도, 기억력 등에 일정한 영향을 줄 수 있음이 확인되었다.

잠들기 전 이야기의 힘

잠이 든다는 것은 의식에서 무의식으로 넘어가는 과정이다. 이 과정에서 잠재의식은 잠들기 전의 생각과 감정을 그대로 저장하고, 깨어 있을 때 행동으로 연결된다. 따라서 울거나 불안한 마음으로 잠드는 것은 좋지 않다. 반대로, 좋은 생각과 편안한 마음으로 잠들면, 잠재의식에 긍정적인 영향이 남는다.

잠들기 전 읽어주는 동화책은 언어 능력과 정서 지능은 물론, 상상력과 창의력을 키우는 데 큰 도움을 준다. 여기에 더해 긍정적인 행동을 자연스럽게 강화하는 서브리미널 효과도 기대할 수 있다. 특히 훈육이 있었던 날이라면, 책을 읽기 전에 잠시 아이와 마음을 나누는 시간이 더욱 의미 있다. 아이의 가슴에 손을 얹고 나직한 목소리로 이렇게 물어보면 좋겠다. "오늘 하루 동안 어떤 감정을 느꼈니?" 아이의 이야기를 충분히 들은 뒤에는 이렇게 속삭여 보자. "그래, 그 경험을 통해 무언가를 배웠구나. 정말 장하다. 사랑해." 그러면 아이 마음속에 남아 있던 불편한 감정도 자연스럽게 정리되고, 동화책 속 상상력을 마음껏 펼치며 편안한 꿈속으로 들어갈 것이다. '성공의 마술봉'을 찾아서.

자녀에게
'화풀이' 하고 있지
않을까?

방어기제 전치 Projection

전치란 방어기제 중 하나로, 자신의 분노나 공격성을 원래 향해야 할 대상이 아닌, 덜 위협적인 다른 대상에게 옮겨 표현하는 심리적 현상을 말한다.

정신분석학자 프로이트는 인간의 정신 구조를 크게 세 영역으로 나누어 설명했다. 원초아^{Id}는 사람의 본능적 욕구를 담당하고, 초자아^{Superego}는 도덕성과 윤리, 준법정신을 담당한다. 그리고 이 둘 사이의 균형을 조정하는 역할이 자아^{Ego}이다. 하지만 때로는 원초아나 초자아 중 하나가 너무 강해서 자아가 제대로 기능하지 못할 때가 있다. 이런 상태를 우리는 스트레스 상황이라고 한다. 스트레스 상황에서는 자아가 제 역할을 하지 못하므로 불안을 느끼게 된다. 인간은 불안을 느끼면 살 수 없으므로 불안을 줄이거나 없애려는 무의식적 행동이 나타나는데, 이를 방어기제라고 한다.

방어기제에는 여러 종류가 있으며, 사람마다 자주 쓰는 방어기제는 모두 다르다. 또한 방어기제는 성숙도에 따라 사회에 도움이 되기도 하고, 해가 되기도 한다. 그중 우리가 흔히 쓰지만 바람직하지 않은 방어기제 중 하나가 전치轉置Displacement이다. 전치란 스트레스를 유발한 강한 대상에게 직접 분노를 표현하기 어렵기 때문에 더 약하고 안전한 대상에게 화를 돌리는 것을 의미한다. 우리 속담에 "한강에서 뺨 맞고 종로에서 눈 흘긴다"라는 말이 전치의 대표적인 예이다.

방어기제와 부모의 감정 관리

실생활에서 전치는 이렇게 나타난다. 부부싸움 후 자녀에게 숙제를 검토하며 "누굴 닮아 이 모양이냐"고 화를 내는 경우, 직장에서 상사에게 혼난 뒤 식당 종업원에게 화풀이하는 경우나 직장에서 받은 스트레스를 집에서 배우자에게 "집이 왜 이렇게 지저분하냐"고 타박하며 푸는 경우이다. 이처럼 분노가 강자에서 약자로 계속 흘러가는 것이 전치의 특징이다. 사회적으로 큰 문제인 갑의 횡포, 가정폭력, 아동학대 등도 대부분 전치라는 방어기제와 관련이 있다.

미국 예일대의 심리학자 델가도[J. M. R. Delgado] 교수는 원숭이 실험을 통해 전치의 작동 방식을 보여주었다. 그는 원숭이 집단에서 서열 1위인 원숭이의 뇌에 스트레스를 유발하는 장치를 부착한 뒤 버튼을 눌러 그 행동을 관찰했다. 그 결과, 서열 1위 원숭이는 다른 원숭이들에게 무차별적으로 폭력을 행사했다. 그렇다면 서열 2위 원숭이의 행동은 어땠을까? 서열 2위 원숭이는 서열 1위 원숭이는 감히 공격하지 못하고, 대신 나머지 원숭이들에게 폭력을 행사했다. 이는 스트레스 상황에서도 사회적 관계망과 위계 구조가 행동에 큰 영향을 미친다는 사실을 보여준다.

우리가 주목해야 할 점은 서열이 가장 낮은 원숭이의 분노 반응 패턴이다. 가장 약한 원숭이는 분노를 외부로 표출하지 못한 채, 그 감정을 내면으로 돌려 자학에 가까운 행동을 보였다. 인간 사회 역시 크게 다르지 않을 것이다. 우리가 표출한 분노는 위계 구조를 따라 아래로 흘러가며, 결국 사회의 가장 낮은 위치에 있는 약자들에게 도달하게 된다.

우리 사회의 가장 약한 존재는 누구일까? 그중 하나가 바로 어린 자녀이다. 어린이는 전 생애를 부모에게 의지하며 살기 때문에 부모의 분노를 그대로 받을 수밖에 없다. 중요한 점은 전치라는 방어기제는 무의식적으로 나타나므로 부모 자신도 잘 인지하지 못한다는 것이다. 훈육이라는 이름으로 분노를 표출했을 가능성이 있다. 그러므로 일관성 없고 적절하지 못한 분노라면, 이는 훈육이 아니라 방어기제 전치가 만들어낸 폭력이라고 볼 수 있다. 따라서 부모가 화가 치밀어 오를 때는 다음 사항을 점검해

볼 것을 권한다.

> 오늘 밖에서 기분 나쁜 일이 있었는가?
> 지금 내 안에 쌓인 분노의 대상이 정말 자녀가 맞는가?
> 내가 기분이 좋은 상태에서도 이 문제로 자녀를 야단칠 것인가?

부모의 정당한 훈육에는 감정 안정, 공감, 일관성의 세 가지 요소가 필요하다. 바람직한 훈육은 부모가 자신의 감정을 먼저 안정시킨 뒤 시작해야 한다. 만약 과거에 동일한 상황에서 그냥 넘어간 경험이 있다면, 이는 훈육이 아니라 단순한 화풀이일 가능성이 있다.

빙어기제에도 성숙한 형태가 존재한다. 유머, 승화, 이타수의 등이 그 예이다. 사회적 약자인 자녀에게 자신도 모르게 스트레스를 전가하지 않기 위해서는, 부모가 직장에서 돌아왔을 때 마음이 평온해야 한다. 따라서 스트레스가 큰 날에는 외부에서 먼저 해소한 뒤 귀가하는 것도 하나의 방법이다. 우리나라에는 노래방, 운동 시설, 산책 코스, 종교 활동 등 스트레스를 관리할 수 있는 다양한 방법이 마련되어 있다. 부모가 자신의 감정을 성숙하게 관리하고 적절히 해소할 때, 아이는 안전하고 사랑받는 환경 속에서 건강하게 성장할 수 있다.

(5)

유치원에서
또래 성폭력 사건이
일어났다면?

심리 성적발달 4단계 남근기 Phallic stage

'남근기'란 프로이트의 심리성적 발달 단계Psychosexual Developmental Stages 중 3~6세에 해당하는 발달 단계로 성적 에너지기가 남근에 집중되는 시기를 말한다.

최근 부모 교육 강의에서 가장 많은 관심을 받는 주제는 다름 아닌 '자녀 성교육 지도법'이다. 자녀의 성교육이 얼마나 중요한지를 인지하는 부모는 많지만, 막상 자녀와 성에 대해 대화를 나누는 일은 여전히 불편하고 어렵게 느껴진다. 바로 이 지점에서 부모들은 전문가의 도움이 필요하다.

부모가 먼저 알아야 할 '성교육'의 골든 타임

자녀의 성장 발달에 따라 부모의 역할이 달라져야 하듯, 성교육 또한 발달 시기에 맞는 환경과 방식으로 접근해야 한다. 이른바 '골든 타임'이 존재한다.

정신분석학의 창시자인 지그문트 프로이트Sigmund Freud는 인간의 심리성적 발달 단계를 체계화한 이론을 통해 큰 주목을 받았다. 그는 인간의 성적 에너지가 어느 순간 갑작스럽게 생겨나는 것이 아니라 태어날 때부터 존재한다고 주장하였다. 다시 말해, 어린아이 역시 성적 욕구가 있으며 자신의 신체를 통해 쾌감을 추구한다고 말한다. 프로이트는 이러한 심리성적 에너지, 즉 리비도libido가 성장에 따라 특정 신체 부위에 집중된다고 보고, 인간의 성 발달을 다음의 다섯 단계로 구분하였다. 구강기(0세~18개월), 항문기(18개월~3세), 남근기(3~6세), 잠복기(6~12세), 생식기(12세 이후)이다.

그중에서도 남근기를 살펴보자. 이 시기에는 리비도가 생식기에 집중되며, 성에 대한 호기심이 급격히 증가한다. "아기는 어디서 나와요?", "오빠는 왜 서서 쉬야 해요?", "엄마는 왜 ○○에 털이 있어요?" 등 성에 대한 질문이 쏟아지는 시기이다. 동시에 어린이집, 유치원에서 첫 사회화를 경험하는 시기로 또래 간 성적 호기심에서 비롯된 성 관련 사건이 종종 발생한다. 따라서 이 시기는 성교육의 첫 번째 골든 타임이라 할 수 있다.

성교육의 첫걸음, 부모의 '자연스러운 반응'

이 시기의 성교육에서 가장 중요한 첫걸음은 부모의 태도이다. 아이의 성적 호기심에 놀라거나 회피하는 반응을 보이면, 아이는 자연스럽게 "성적인 질문은 엄마 아빠에게 해서는 안 되는구나"라고 인식하게 된다. 하지만 실제로 사춘기에 접어든 자녀들이 성적인 문제에 직면했을 때, 가장 먼저 부모를 의논 대상으로 삼을 수 있다면 이는 바람직한 성교육의 결과로 볼 수 있다.

두 번째로 중요한 것은 아이의 질문에 대해 사실에 기반하여 솔직하게 답해주는 것이다. 예를 들어 "엄마, 아가는 어디로 나와요"라는 질문을 받으면, 아이의 발달 수준에 맞춰 설명하면 된다. 이를 위해 다음과 같은 역질문으로 아이의 인식 수준을 가늠할 수 있다. "너는 아기가 어디서 나온다고 생각해?" 이 질문에 대한 아이의 반응을 토대로, 필요한 경우 성교육 그림책을 활용하거나 그림을 그려가며 남성과 여성의 생식기를 설명하는 것도 좋은 방법이다. 이때 설명하는 부모가 자연스러우면 아이 역시 그 내용을 자연스럽게 받아들인다. 아이들의 사고는 결코 '오염' 되어 있지 않기 때문이다.

성적 호기심과 성 놀이

문제가 되는 상황은 또래 아이들 사이에서 성에 관련된 놀이가 벌어졌을 때이다. 이를 무조건 성폭력 사건으로 단정 짓기보다는, 해당 행동이 발달 단계상 나타날 수 있는 '성놀이'인지 먼저 구분할 필요가 있다. 예를 들어 다음과 같은 상황이 있을 수 있다.

"아이들이 서로 성기를 보여주었대요. 병원 놀이를 하며 옷을 벗고 있더라고요. 다른 아이가 우리 아이에게 성기를 보여달라고 했대요."

이런 상황은 남근기에서 흔히 발생할 수 있는, 성적 호기심에 기반한 '성 놀이'에 해당한다. 그러나 부모들은 이를 곧바로 '성폭력'으로 간주하고 심각하게 사건화하는 경우가 있다. 이럴 때 부모가 취해야 할 바람직한 반응은 아이를 다그치거나 질책하기보다는, 오히려 이러한 상황을 성교육의 기회로 삼는 것이다. 이 시기에 꼭 필요한 교육이 바로 '경계 교육'이다.

'경계 교육'은 아이들에게 '신체적 경계'에 대해 가르치는 것이다. 즉, 다른 사람의 몸에 접근하거나 접촉하기 전에는 반드시 동의를 받아야 한다는 사실을 알려줘야 한다. 이를 쉽게 전달하기 위해 빈 종이에 동그라미 6개를 그리고 번호를 매긴 다음, 다음과 같이 설명할 수 있다.

1번은 속옷 입는 부위 - 내 몸에서 가장 소중하고 은밀한 곳으로, 오직 나만 볼 수 있고 만질 수 있는 곳이다.

2번은 나를 안고 뽀뽀할 수 있는 사람 - 주로 엄마, 아빠 등 가장 가까운 보호자다.

3번은 가볍게 안아주거나 머리를 쓰다듬을 수 있는 사람 - 할머니, 할아

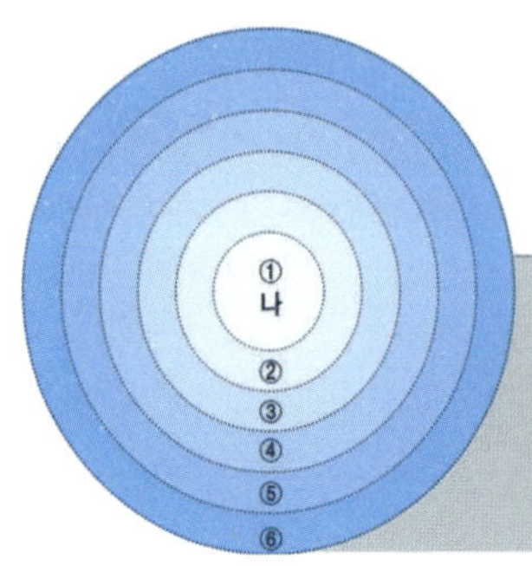

출처 : https://www.joongang.co.kr/article/16880518#home

버지, 친척, 유아 교사 등이다.

4번은 손만 잡을 수 있는 사람이다. 주로 같은 반 친구들이 해당한다.

5번은 인사만 할 수 있는 사람이다. 엘리베이터나 동네에서 마주치는 어른들이 해당한다.

6번은 낯선 사람 – 친절하게 말을 걸더라도 따라가거나 정보를 알려줘서는 안 되는 대상이다.

이러한 방식으로 신체적 경계와 '동의consent'의 개념을 가르치면 아이는 자신의 몸을 스스로 보호하는 힘을 기를 수 있으며 동시에 상대의 몸을 허락 없이 접촉해서는 안 된다는 개념도 자연스럽게 배우게 된다.

일상에서 이루어지는 진짜 성교육

성교육의 핵심 목표는 일회성 지식 전달이 아니다. 그것은 결국 바람직한 성 의식 형성에 있다. 단지 성기 중심의 성 지식을 습득하는 것이 아니라, 성이란 무엇이고, 그것이 삶에서 어떤 의미를 가지며, 어떻게 존중받아야 하는지를 아는 것이다.

놀랍게도 '성性'이라는 한자는 '성품 성性'자를 쓰며, 이는 인성人性과 같은 맥락을 공유한다. 마음 심心과 날 생生이 결합 된 이 글자는 사랑하는 두 마음이 만나 생명을 탄생시킨다는 뜻을 담고 있다. 즉, 성은 생명의 본질이며 존엄한 행위로 이해되어야 한다. 따라서 성은 부끄럽거나 장난의 대상이 아니며, 오히려 생명 존중의 태도를 배우는 관계 교육의 시작점이 되어야 한다.

우리는 흔히 성교육을 성기 중심의 지식 교육으로 오해하지만, 사실 성 지식 교육은 전체 성교육의 아주 작은 부분일 뿐이다. 중요한 것은 바람직한 성 의식을 함양하는 것이며, 성 의식 교육은 부모의 삶을 통해 아이에게 전해진다. 예를 들면 '아이가 성적인 질문을 했을 때 부모의 반응', '드라마에서 애정 장면love scene이 나올 때 부모의 태도', '미혼모 이야기를 듣고 부모가 내쉬는 한숨' 등 모든 일상의 장면들이 아이의 성 의식 형성에 영향을 미치게 된다.

결국 자녀 성교육의 출발점은 부모 자신의 바람직한 성 의식 함양에 있다. 부모가 건강하고 바람직한 성 의식을 삶 속에서 실천할 때, 그 모습은 자연스럽게 자녀에게 긍정적인 영향을 미친다. 그 결과 자녀 역시 올바른 성 의식을 형성하게 된다. 이는 부모가 자녀에게 전할 수 있는 가장 값진 선물 가운데 하나라고 할 수 있다.

친다. 그 결과 자녀 역시 올바른 성 의식을 형성하게 된다. 이는 부모가 자녀에게 전할 수 있는 가장 값진 선물 가운데 하나라고 할 수 있다.

(6)

유아 자위행위,
어떻게 지도해야 할까?

리비도는 프로이트의 정신분석 이론에서 아주 핵심적인 개념으로, 인간의 행동을 이끄는 기본적인 심적 에너지, 특히 성적 에너지를 의미한다.

자녀 성교육이란 주제로 부모 교육을 할 때 부모들로부터 많이 받는 질문 중 하나는 "성교육은 언제 시작해야 하나요?"이다. 마치 정해진 시간표라도 있는 것처럼 정확한 시점을 알고 싶어 한다. 하지만 성교육의 시작은 부모가 정하는 것이 아니라 아이 스스로 호기심을 보이는 순간에 시작된다. 정신분석학의 창시자 지그문트 프로이트에 따르면 유아기 남근기(약 3~6세)가 바로 아이들이 성적 호기심을 자연스럽게 경험하는 시기이다.

아이들은 갑작스럽게 이렇게 묻는다. "아기는 어떻게 생겨요?", "왜 나와 친구는 다르게 생겼어요?", "엄마는 왜 서서 소변을 못 봐요?" 부모들은 당황한다. 순수할 것이라 생각했던 아이가 이런 질문을 한다는 사실에 놀라거나, 어떻게 답해야 할지 몰라 머뭇거리게 된다. 하지만 이렇게 성에 관한 호기심을 보일 때가 성교육이 시작되어야 할 적기適期이다.

프로이트는 아이에게도 성적 에너지가 존재한다고 보았다. 그의 심리성적 발달 이론에 따르면 인간은 태어날 때부터 리비도라는 성적 에너지를 가지고 있으며, 성장 과정에서 신체의 특정 부위에 차례로 집중된다고 한다. 구강기, 항문기, 남근기, 잠복기, 생식기 발달 단계 중 특히 남근기는 성적 호기심이 폭발하는 시기이다. 이때 아이들은 자신의 몸을 탐구하고, 때로는 부모를 당황하게 하는 행동을 보이기도 한다. 바로 유아 자위행위가 그 예라고 할 수 있다.

유아 자위행위를 목격한 부모의 반응은 대부분 당황과 충격이다. "우리 아이가 벌써 이런 걸 안다고?", "이상한 아이가 되는 건 아닐까?" 대부분 부모는 즉각적으로 아이를 제지하려고 한다. "안 돼!", "더러운 거야!", "나쁜 아이!" 하지만 이러한 과격한 반응은 아이에게 혼란과 상처를 준다. 아이에게는 단순히 간지러운 행동일 뿐인데, 평소 다정하던 부모가 갑자기 무섭게 변한다고 느끼기 때문이다.

더 역설적인 점은, 강압적인 제지가 오히려 그 행동을 더 강화하는 경우가 많다는 것이다. 심리학에서는 이를 고착 현상이라고 부른다. 고착이란 수정되거나 변화되지 않고 일정한 상태에 머물러 있게 되는 상황을 말한다. 즉, 좀처럼 변화되기 어려운 상태가 된다. 그렇다면 부모는 어떻게 대응해야 할까? 프로이트의 이론을 바탕으로 한 지혜로운 대응법을 소개하자면 다음과 같다.

1) 이해와 수용부터 시작하기

유아 자위행위는 나쁜 것이 아니라 자연스러운 발달적 현상임을 먼저 받아들인다. 아이의 감정을 인정하며, "네가 그 부분을 만지고 싶은 마음을 엄마가 이해해"라고 말해준다. 감정을 수용하지 않고 행동만 바꾸려 하면 강압이 될 수밖에 없다.

2) 청결의 중요성을 알려주기

아이의 감정을 수용한 후에는 실용적인 지도에 들어간다. "네 몸은 네 것이니까 만질 수 있어. 하지만 만질 때는 손을 깨끗이 해야 해." 특히 성기는 세균 감염 위험이 있으므로, 함께 손을 씻으며 청결을 지도하는 것이 좋다. 이때 겨울이라 할지라도 될수록 찬물로 씻는 것이 좋다. 차가운 감각은 들뜬 감정을 가라앉히는 데 도움을 주기 때문이다.

3) 적절한 장소를 알려주기

행동을 금지하기보다 사회적 예의와 규칙을 가르친다. "화장실에서 혼자 용변을 보는 것처럼, 속옷으로 가리는 부분을 만질 때도 혼자 있는 곳에서 해야 해." 이는 단순한 금지가 아니라, 아이에게 사적인 공간과 행동의 경계를 이해시키는 과정이다.

4) 경계와 동의를 가르치기

가장 중요한 교육은 경계 설정과 동의이다. "네 몸은 네 것이니까 네가 만져도 돼. 하지만 친구나 다른 사람의 몸은 아무리 궁금해도 함부로 만지면 안 돼. 모든 신체 접촉은 상대방의 동의를 구해야 해." 이는 성폭력 예방 교육의 기초가 되는 매우 중요한 개념이다.

유아기 성적 호기심과 자위행위는 아이가 건강하게 성장하고 있다는 신호이기도 하다. 이를 수치스럽거나 금기시하지 말고, 아이와 함께 성장해 가는 기회로 삼아야 한다. 적절한 지도를 통해 아이는 자신의 몸에 대한 올바른 인식을 배우고, 타인과 건강한 관계를 형성할 수 있는 기초를 마련하게 된다.

프로이트가 지적했듯이, 어린 시절의 경험은 성인이 된 이후의 성격과 행동에 깊은 영향을 미친다. 그러므로 이 시기에 부모가 수행하는 역할은 무엇보다 중요하다. 당황하거나 회피하기보다는 아이의 자연스러운 발달 과정을 이해하고, 이를 지혜롭게 이끌어 주는 부모가 되어야 한다. 바로 그러한 부모만이 유아기 자녀에게 바람직한 성교육을 제공할 수 있다.

(7)

흥미를 이끌어 내어
동기부여를 하려면

: **자이가르닉 효과** Zeigarnik Effect :

자이가르닉 효과란 완료되지 않은 일이 완료된 일보다 더 잘 기억되는 심리 현상을 말한다.

빵을 먹다가, 음료를 마시다가 초인종 소리에 자리를 비우거나 다른 급한 일이 생겨 남은 음식을 잠시 내려놓은 적이 있었다. 급한 일을 처리하고 돌아왔는데, 먹다 만 음식을 어디에 두었는지 몰라 한참을 찾아본 경험이 있다. 분명 어딘가에 두었을 텐데 아무리 찾아도 보이지 않고, 그 빵이 특별히 맛있었던 것도 아니며 아깝다는 생각이 들지도 않는데도, 이상하게 남은 음식을 찾는 데 온종일 마음이 쏠렸던 날이 있었다.

이처럼 마무리하지 못한 일이 유난히 마음에 남는 경험은 누구나 한 번쯤 겪어보았을 것이다. 이를 심리학에서는 자이가르닉 효과Zeigarnik Effect라고 부른다. 자이가르닉 효과란 한번 시작했지만 완료되지 않은 과업이, 끝마친 과업보다 더 오래 기억에 남는 현상을 뜻한다.

이 개념은 1927년, 러시아의 심리학자 블루마 자이가르닉Bluma Zeigarnik에 의해 처음 제안되었다. 그녀는 한 레스토랑에서 흥미로운 장면을 목격했다. 종업원들이 손님의 주문을 자세히 기억하다가도 주문이 완료되고 계산까지 마치면 곧바로 잊어버리는 것이었다. 자이가르닉은 이를 체계적으로 검증하기 위해 실험을 진행했다. 참가자들에게 퍼즐 맞추기, 계산 문제, 실 묶기 등 다양한 과제를 주고 일부는 중간에 끊고, 나머지는 끝까지 수행하게 했다. 결과는 명확했다. 미완성 과제가 끝난 과제보다 훨씬 오래 기억에 남는다는 사실이 확인되었다.

왜 이런 일이 발생할까? 인간의 뇌는 완결성을 추구하는 경향이 있다. 어떤 일이 끝나지 않으면, 뇌는 그것을 '열린 과제'로 인식하고 지속적으로 주의를 기울이게 된다. 바로 그 찝찝함과 미련이 우리의 기억을 붙잡는 것이다.

생활 속 자이가르닉 효과

자이가르닉 효과는 우리 일상 속 다양한 장면에서 관찰된다. 아이들이 게임에 쉽게 몰입하는 현상 또한 이와 관련이 있다. 과제가 완결되지 않으면 그 내용이 기억 속에 남아 심리적 긴장을 유발하고, 이를 해소하기 위해 사용자는 게임을 지속하게 된다. 게임 제작자들은 이러한 심리를 활용하여 새로운 미션과 과제를 끊임없이 제시하며, 이를 통해 레벨 업을 유도한다. 그 결과 사용자는 점차 게임 중독에 빠질 위험에 놓이게 된다.

드라마 역시 마찬가지다. 대부분 드라마는 회차 말미에 긴장감을 유발하는 장면으로 끝맺는다. 주인공의 생사가 모호하게 처리되거나 반전이 암시되면, 시청자는 다음 편을 궁금해하며 기다릴 수밖에 없다. 바로 이것이 자이가르닉 효과가 발현되는 대표적인 예이다.

자이가르닉 효과는 인론, 마케딩, 다양한 분아에서 전략직으로 활용된다. 언론사들은 클릭을 유도하기 위해 일부 정보를 의도적으로 숨기는 '낚시성 제목'을 사용한다. 예를 들어 "그녀가 문을 열었을 때 벌어진 일은?"과 같은 문장은 독자의 호기심을 자극하여 클릭을 유도한다. 이 이야기는 완결되지 않은 일이 우리 마음에 오래 남는다는 사실을 잘 보여준다.

인간은 완성을 추구하면서도 동시에 미완성의 매혹에 끌리는 모순적 존재이다. 자이가르닉 효과를 이해하면, 우리는 보다 효과적인 학습과 소통의 방법을 모색할 수 있으며, 때로는 완결보다 미완, 답보다 질문이 더 큰 힘을 발휘할 수 있음을 깨닫게 된다.

자이가르닉 효과를 활용한 자녀 교육법

그렇다면 우리는 자이가르닉 효과를 자녀 교육에 어떻게 활용할 수 있을까? 먼저 놀이와 창의 활동에 활용할 수 있다. 레고 블록이나 그림 그리기를 중간까지 하고 멈춘 후 "다음에 이어서 완성해 보자"고 하면 새로운 관점에서 재구성하는 창의력과 탐구심, 문제 해결 능력을 키울 수 있다.

독서 습관을 기를 때도 마찬가지이다. 동화책을 처음부터 끝까지 한 번에 다 읽는 것보다, 이야기의 클라이맥스에서 잠시 멈추면 아이의 호기심을 자극하고, 다음 편을 읽고 싶게 만든다. 미완성 상태가 자연스러운 동기부여가 될 수가 있으므로 독서 습관이 부담스럽지 않게 형성될 수 있다.

핵심은 '미완성의 여운'을 남기는 것이다. 모든 것을 다 끝내 버리면 마음도 함께 닫히지만, 조금 부족한 느낌, 아직 끝나지 않았다는 감각은 호기심을 자극하고 다시 손을 뻗게 만든다. 이러한 아쉬움은 때로 좋은 습관을 기르는 통로가 될 수 있다. 결국 우리 마음을 다시 움직이게 하는 힘은 완벽한 마침표가 아니라 살짝 남겨진 여백이며, 그 여백이 만들어내는 심리적 끌림이 바로 자이가르닉 효과이다.

식탁 밑으로 들어가는 아이, 이상한 걸까요?

: **고립 효과** Isolation Effect :

고립 효과란 한정된 공간에서 함께 있을 때 사람의 심리와 행동이 격해지고 민감해지는 심리 현상을 말한다.

부모와 자녀 간의 애착 형성이 어느 정도 안정되는 4살 무렵이 되면, 아이는 혼자 놀이를 즐길 수 있는 능력이 생긴다. 그런데 이 시기 아이들의 놀이 모습을 보면 넓은 공간보다 식탁 밑, 좁은 장롱 안, 혹은 가구와 벽 사이 같은 아늑한 공간을 찾아 들어가는 경우가 많다.

부모 생각에는 넓은 공간이 있음에도 굳이 좁은 곳을 선택하는 아이의 행동이 이해되지 않아 답답하게 느껴질 수 있다. 하지만 이러한 행동은 아이가 자율성과 독립성을 키워가는 과정에서 나타나는 자연스러운 현상이다. 4~5살 정도가 되면 아이는 부모와의 안정적인 애착을 바탕으로 스스로 놀이를 즐길 수 있는 능력은 생기지만, 여전히 안정감을 원하기 때문에 상대적으로 안전하고 아늑하다고 느끼는 좁은 공간을 선택하게 된다. 이를 심리학에서는 고립 효과Isolation Effect라고 부른다.

고립 효과란 제한된 공간에서 생활할 때 사람의 심리와 행동이 민감해지고, 자신만의 영역을 구축하려는 심리 현상을 말한다. 예를 들어 군대, 기숙사, 교도소처럼 개인 공간이 제한된 곳에서 사람들의 심리와 행동이 격해지는 모습을 관찰할 수 있다. 일상 속 사례로는 지하철에서 빈자리가 많음에도 누군가 내 옆자리에 앉을 때 불편함을 느끼거나, 남성 화장실 소변기 사용 시 바로 옆 자리에 누군가 있을 때 불편한 느낌을 받게 된다. 이러한 반응은 인간이 본능적으로 개인 공간을 보호하고자 하는 욕구를 가지고 있음을 보여준다. 이러한 이유로 병원 침상이나 물리치료실에는 커튼을 설치해 환자가 심리적 안정을 취할 수 있도록 배려한다.

실제 연구에서도 고립 효과는 분명하게 나타났다. 미국 버클리주 해군병원 연구소의 어윈 알트만Irwin Altman 연구원은 2인 1조로 나누어 한 그룹은 주어진 공간에서 10일 동안 외출 없이 과제를 수행하게 하고, 다른 그룹은 자유롭게 외출과 산책이 가능하도록 실험했다. 그 결과, 자유로운 환경에 있던 그룹은 큰 변화가 없었지만, 고립된 환경에 있던 그룹은 침대, 책상, 의자 등 모든 공간에 자신만의 영역을 만들려는 흔적이 관찰되었다.

돌이켜보면 필자의 어린 시절에도 고립 효과는 자연스럽게 스며들어 있었다. 국민학교 시절, 나무로 된 책상과 걸상을 사용하던 교실에서 짝과 함께 쓰던 책상 위에는 누군가 예리한 칼로 그어 놓은 가느다란 선이 종종 남아 있었다. 그 선은 말없이 서로의 자리를 나누는 경계였고, 자신만의 작은 영역을 지키고자 하는 마음의 흔적이기도 했다. 이러한 기억은 고립 효과가 일상 속에서 얼마나 자연스럽게 나타나는지를 보여주는 한 장면이라 할 수 있다.

인간은 사회적 존재이지만 동시에 개인적인 공간에 대한 욕구도 강하게 가지고 있기 때문에 서로의 공간을 존중하고 인정하는 것이 중요하다. 현대의 선진 기업에서도 이러한 심리를 반영하여 사무실 책상 사이에 칸막이를 설치하고, 직원의 공간을 배려한다. 가정에서도 마찬가지다. 자녀에게 일정한 공간을 보장해 주는 것은 심리적 안정과 독립성 형성에 긍정적인 영향을 준다.

따라서 유아기가 되면 아이가 구석진 공간을 찾아 들어가더라도 굳이 넓은 공간으로 이끌려고 할 필요가 없다. 좁은 공간은 아이에게 일종의 휴식처나 피난처처럼 느껴지며, 스스로 놀이를 하면서 독립적 놀이의 즐거움을 경험하고, 안정감을 유지할 수 있는 환경을 제공한다. 부모는 이때 아이가 독립적인 놀이를 통해 자아를 형성하는 중요한 시기임을 이해하고, 불안해하지 않도록 지켜봐 주는 것이 중요하다.

즉, 아이가 좁은 공간에서 놀이하는 것은 문제가 아니며, 오히려 고립 효과를 통해 자아를 발전시키고 있는 자연스러운 과정이다. 유아기 자녀에게는 자신만의 공간이 확보될 수 있는 놀이기구를 제공해 주면, 독립성과 안정감을 동시에 경험하게 할 수 있는 훌륭한 배려가 될 수 있다.

갈수록
떼쟁이 아이가
된다면

부분 강화 효과 Partial Reinforcement Effect

부분 강화 효과란 어떤 행동에 대해 매번 보상하지 않고 불규칙적으로
보상을 제공할 때 오히려 그 행동이 더 오래 지속되는 현상을 말한다.

자녀가 세 살 무렵이 되어 대소변 훈련을 지나고 스
스로 장난감을 갖고 놀기 시작하는 시기가 되면, 종종 원하는 것
을 사달라며 떼를 쓰는 모습을 발견하게 된다. 이는 타고난 기질
적으로 민감하거나, 원하는 것을 반드시 얻고자 하는 성취 욕구
와 자유 욕구가 강한 아이일 수 있다. 그러나 이러한 행동은 부모
의 반응 방식에 따라 더욱 강화될 수도 있다. 특히 일관성 없는
반응은 아이의 떼쓰기 행동을 오히려 지속시키는 가장 큰 원인

중 하나이다.

심리학에서는 이를 부분 강화 효과Partial Reinforcement Effect라고 한다. 부분 강화 효과란 어떤 행동에 대해 매번 일관적으로 보상하지 않고 가끔 보상을 제공할 때, 오히려 그 행동이 더 오래 지속되는 현상을 말한다. 여기서 '보상'이란 칭찬, 선물, 성취감 등 긍정적 강화 요소 전반을 의미한다. 부분 강화는 규칙적이고 예측 가능한 보상이 아니라 불규칙적이고 간헐적인 보상을 주는 것으로, 여러 강화 전략 중 가장 강력한 방식으로 알려져 있다.

보상이 예측되지 않기 때문에 "다음에는 받을지 몰라"라는 기대감으로 행동을 더 오래 유지하게 된다. 도박이나 슬롯머신 중독이 쉽게 발생하는 이유가 바로 여기에 있다. 당첨이 매번 주어지지 않지만, 우연히 큰 보상이 찾아오는 순간 뇌는 강한 도파민을 분비하고, 이는 중독적 행동을 지속시키는 강력한 요인이 된다. 결국 늘 보상받던 행동보다, 가끔 보상받던 행동이 더 쉽게 사라지지 않는 이유가 된다.

이 현상이 발생하는 이유는 두 가지이다. 첫째, 예측 불가능성이다. 보상이 언제 주어질지 알 수 없으므로 기대감은 끊임없이 행동을 유지하게 한다. 둘째, 소거behavior extinction에 대한 저항 증가이다. 규칙적으로 보상받던 행동은 보상이 끊기면 곧바로 행동을 멈추지만, 원래부터 보상이 자주 주어지지 않았던 행동은 "이번엔 우연히 안 온 거겠지"라고 받아들이기 때문에 쉽게 소거되지 않는다. 아이의 떼쓰기 또한 마찬가지이다. 대부분은 무시하면서도 가끔 요구를 들어주게 되면, 아이는 "계속 떼쓰다 보면 한

번쯤은 통한다"라고 학습하게 되고, 결과적으로 떼쓰기 행동은
더 길고 강하게 지속된다.

부분 강화 효과를 올바르게 활용하는 방법

이 강력한 심리 원리를 이해하면, 자녀의 바람직한 행동을 안정
적으로 유지 시키는 데, 유용하게 활용할 수 있다.

초기에는 연속 강화, 이후에는 부분 강화로 전환하기

새로운 행동을 형성할 때는 매번 보상을 제공해 행동을 자리 잡
게 한다. 이후 일정 기간이 지나 행동이 안정되면, 점차 보상을
가끔 제공하여 행동을 오래 유지하게 한다. 예를 들어 숙제하면
매번 칭찬하던 시기에서, 어느 정도 습관이 형성되면 특히 잘했
을 때만 특별 보상을 제공함으로써 칭찬 없이도 스스로 숙제를
시작하도록 도울 수 있다.

　또한 일주일 동안 스스로 아침 준비를 마쳤다면 주말에 특
별 활동을 함께하는 방식은 아이가 '당장의 보상'이 없어도 꾸
준함을 연습하는 데 큰 도움이 된다. 보상이 항상 주어지지 않아
도 아이 스스로 점차 행동 그 자체에 즐거움과 의미를 느끼게 하
는 방식으로 "오늘은 정말 스스로 잘 해냈구나, 해보니 기분이 어
때?"라고 물으며 성취감을 스스로 느끼도록 도와준다. 이는 물질
적 보상이나 칭찬에만 의존하지 않는 내적 동기를 키우는 데 매

우 중요하다.

부분 강화를 '잘못' 사용하면 벌어지는 일

아이가 떼를 쓰며 요구할 때, 대부분은 무시하면서도 가끔 요구를 들어주면 아이는 곧 "계속하면 언젠가는 된다"라고 학습한다. 그 결과 떼쓰기 행동은 더 강해지고 더 오래 지속된다. 따라서 문제행동에는 절대 부분 강화를 제공해서는 안 된다.

훈육에서 가장 중요한 요소는 일관성이다. 하지 않기로 한 행동은 끝까지 하지 않도록 도와주고, 아이의 부적절한 요구에는 항상 동일한 반응을 보여야 한다. 규칙을 세웠다면 흔들리지 않는 태도가 무엇보다 중요하다.

결국 아이의 행동을 키우는 것은 보상의 크기가 아니라, 보상이 주어지는 방식이다. 순간의 편의를 위해 흔들린 한 번의 허용이 오히려 행동을 오래 붙잡아 둘 수 있음을 기억해야 한다. 일관된 기준 위에서 의도적으로 활용될 때, 부분 강화 효과는 문제행동을 강화하는 위험한 덫이 아니라, 아이의 바람직한 습관과 내적 동기를 단단히 키워 주는 강력한 도구가 될 수 있다.

(10)

첫째와 둘째가
너무 달라요

: **기질 이론** Temperament Theory :

기질 이론은 사람마다 태어날 때부터 고유하게 가지고 있는 행동·정서적 반응 패턴, 즉 '타고난 성향'을 설명하는 심리학 이론이다.

자녀를 둘, 셋 둔 부모라면 한 번쯤 이런 생각을 하게 된다. "같은 부모에게서 태어났는데, 어쩜 이렇게 다를까?" 첫째는 비교적 수월했는데 둘째는 유난히 어렵거나, 둘째는 저절로 잘 크는 것 같다는 이야기도 흔히 한다. 사실 이는 너무나 자연스러운 일이다. 아이는 태어날 때부터 각기 다른 기질을 가지고 이 세상에 오기 때문이다. 그럼에도 우리는 종종 첫째를 기준으로 둘째를 판단하거나, 서로 다른 기질을 한 잣대에 맞추려 애쓰곤

한다.

아이의 기질을 이해하는 맞춤형 양육

미국의 심리학자 알렉산더 토마스[Alexander Thomas]와 스텔라 체스[Stella Chess] 부부는 1950~60년대 '뉴욕 종단 연구'를 통해 아이들의 성장 과정을 오랜 시간 관찰했다. 바로 아이들의 기질에 관한 연구였다. 연구 결과 그들은 아이들의 기질을 크게 세 가지 유형과 복합형까지 총 네 가지로 나누어 설명했다. 4가지 기질 유형의 특징과 바람직한 부모 역할을 정리하면 다음과 같다.

1) 까다로운 아이

특징: 민감하고 감정의 파도가 크다. 새로운 환경 적응에 시간이 걸리며, 작은 자극에도 쉽게 놀란다. 생활 리듬이 불규칙할 수 있어 부모에게 어렵게 느껴질 수 있다.

장점: 세심한 세계를 바라보는 특별한 감수성을 지닌다.

부모 역할: 감정을 억누르기보다 공감으로 반응하며 정서적 안정감을 제공하고, 변화가 있을 때 미리 설명하며 준비시킨다. 작은 성공 경험을 반복적으로 주어 자신감을 키운다.

2) 순한 아이

특징: 부드럽고 온화하며 변화에도 비교적 잘 적응한다. 생활 리

듬이 안정적이어서 양육이 수월하다.

주의점: 순한 성격 때문에 욕구가 묻히거나 감정을 과하게 참을 수 있다.

부모 역할: 감정을 잘 표현할 수 있도록 격려하며, "네 마음도 소중하다"는 메시지를 자주 전한다. 자율성을 키우기 위해 의견을 표현하고 선택할 기회를 제공한다.

3) 느린 아이

특징: 처음에는 낯설어하고 한 걸음 뒤에서 관찰하지만, 익숙해지면 누구보다 단단해진다. 신중하고 세상을 천천히 음미하는 성향이다.

부모 역할: 충분히 시간을 주고 다그치지 않는다. "괜찮아, 천천히 해도 된다"는 신호를 반복적으로 전해 안정감을 준다.

4) 복합형 아이

특징: 상황에 따라 성향이 달라 한마디로 정의하기 어렵다. 어떤 때는 순하고, 어떤 때는 까다로운 모습을 보인다.

부모 역할: 하나의 기준으로 단정하지 않고 상황별 패턴을 세밀하게 관찰한다. 부모의 유연한 태도가 아이를 건강하게 성장시킨다.

토마스와 체스는 강조한다. 기질에는 좋고 나쁨이 없으며, 중요한 것은 아이의 기질에 맞는 환경을 제공하는 것이다. 이를 '조화의 적합성goodness-of-fit'이라고 부른다. 즉, 세 아이가 있다면 부모도 사실은 세 명이 되어야 한다. 각 아이의 기질에 맞춰 태도를 달리하고, 한 가지 양육법으로 모든 아이를 키우려 하기보다 맞춤형 사랑을 전할 때, 아이와 부모 모두 가장 편안한 길을 걸을 수 있다.

완벽한 부모가 되는 것은 어렵다. 하지만 아이의 기질을 이해하고, 그 기질이 숨 쉴 수 있는 환경을 만들어주려는 노력만으로도 우리는 이미 좋은 부모가 되고 있는 것이다.

11

큰소리 내지 않고
자녀를 순종시키는 법

: **문간에 발 들여놓기 기법** Foot-in-the-Door Technique :

문간에 발 들여놓기 기법은 작은 요청부터 제시하여 큰 요청에 대한 상대의 동의를 얻어내는 기법이다.

'문간에 발 들여놓기 기법'은 사회심리학에서 잘 알려진 설득 전략 중 하나로, 아주 작은 요청에 먼저 동의하게 만든 뒤 점차 더 큰 요청을 받아들이도록 유도하는 방식이다. 사람은 한 번 어떤 행동에 동의하거나 선택하면, 그 선택과 일관되게 행동하려는 경향이 있다. 문간에 발 들여놓기 기법은 바로 이러한 일관성의 원리를 활용한 심리 메커니즘이다. "이 정도는 괜찮지"라는 생각으로 작은 행동을 실행하게 되면, 이후에는 "이미

했으니까 이것도 해야겠네"라는 인식으로 이어지기 쉽다.

이 기법을 활용할 때는 아주 사소한 부탁으로 시작하는 것이 중요하다. 작은 부탁은 부담이 적어 상대가 수락할 가능성이 크며, 일단 이를 받아들이면 이후 제시되는 더 큰 요청 역시 수락할 가능성이 커진다. 이것이 문간에 발 들여놓기 기법의 핵심적인 심리 전략이다.

일상생활에서의 활용 사례

이러한 기법은 장사나 기업의 마케팅 전략에서 많이 활용되고 있다. 예를 들어 동네 옷 가게에서 "안 사셔도 괜찮으니까 구경만 하세요"라고 말하는 것 역시 이 전략의 한 사례이다. 또한 체험이나 영업 활동을 제공하는 회사가 실제 활동 참여는 하지 않아도 되니 시험이나 체험만 해보라고 요청하는 경우도 마찬가지다. 이 밖에도 백화점에서 무료 시식 코너를 운영한 뒤 구매를 유도하는 방식이나, 일정 기간 무료 체험을 제공한 후 정기 구독으로 전환을 요청하는 전략 역시 문간에 발 들여놓기 기법을 활용한 대표적인 사례이다.

한국을 대표하는 뷰티 기업으로 성장한 모 회사 역시 '문간에 발 들여놓기 기법'을 마케팅에 효과적으로 활용한 사례로 꼽을 수 있다. 이 기업의 가장 큰 특징은 소비자들이 부담 없이 매장에 들어와 제품을 직접 체험하고 비교할 수 있도록 진입 장벽을 낮췄다는 점이다. 구매 여부와 상관없이 직원의 눈치를 보지 않아도 되는 매장 분위기는 누구나 자연스럽게 발걸음을 옮기게 만든다.

화장품을 직접 사용해 본 뒤 구매를 결정하도록 하는 이 전략은 "사지 않아도 괜찮으니, 일단 경험해 보라"는 메시지를 소비자에게 조용히 전한다. 이러한 접근은 글로벌 관광객을 위한 맞춤형 서비스와도 어우러지며, 결과적으로 국내 뷰티 시장에서 압도적인 영향력을 확보하는 데 기여했다. 문턱을 낮춘 작은 선택이 큰 성공으로 이어진, 문간에 발 들여놓기 기법의 대표적인 사례라 할 수 있다.

자녀 교육에서의 활용

문간에 발 들여놓기 기법은 자녀 교육에서도 비교적 부드럽고 효과적으로 활용할 수 있는 방법이다. 핵심은 아이에게 부담이 되지 않는 아주 작은 행동에서 출발해, 그것이 자연스럽게 부모가 기대하는 행동으로 이어지도록 돕는 데 있다. 예를 들어 공부 습관을 길러 주고 싶을 때 "오늘 한 시간 공부해!"와 같은 요구는 아이에게 시작도 하기 전에 거부감을 안겨 주기 쉽다. 반면 "5분만 학습지 한 장 풀어볼까?"라는 제안은 훨씬 가볍게 들린다. 아이가 이를 해냈다면 "잘했네, 그럼 5분만 더 해볼까?" 혹은 "이 단원까지만 마무리해 볼래?"와 같이 단계를 조금씩 넓혀 갈 수 있다. 아이는 이미 시작한 자신과 일관되게 행동하려는 마음에, 공부를 이어 갈 가능성이 커진다.

장난감을 정리하는 습관을 기를 때도 마찬가지다. "장난감 다 치워!"라고 한 번에 요구하기보다 "이 블록 한 개만 상자에 넣어볼까?"라고 말을 건네는 편이 효과적이다. 이어서 "그럼 두 개만 더 넣어볼까?" 또는 "노래 끝날 때까지만 해보자"라고 제안하면, 놀이의 흐름이 자연스럽게 정리 행동으로 이어진다.

책 읽기 습관 역시 "이 책을 다 읽자"라는 목표보다는 "그림 한 페이지만 볼까?", "이 동물 이름을 말해볼래?", "한 장만 더 넘겨볼까?"와 같은 작은 제안이 더 효과적이다. 이러한 접근은 독서를, 해야 할 과제가 아니라, 함께 즐기는 경험으로 받아들이게 만든다.

유치원 등원 준비 상황에서도 "빨리 준비해!"라는 압박 대신 "양말 한 쪽만 신어볼까?", "그럼 다른 쪽도!", "가방까지 메면 출발!"처럼 하나씩 미션을 완수하는 구조가 도움이 된다. 이는 아이의 방어적인 마음을 낮추고, 요구를 자연스럽게 받아들이도록 돕는다.

중요한 점은 처음 제시하는 요청이 10초 안에 끝낼 수 있을 만큼 쉽고, 성공이 가능해야 한다는 것이다. 또한 행동 이후에는 "이제 이것도 했으니 다음도 해야지"라는 압박보다는 "시작한 게 정말 대단해"라며 과정 자체를 인정해 주는 태도가 필요하다.

아이를 움직이게 만드는 힘은 강한 명령이 아니라, 스스로 해낼 수 있다고 느끼게 하는 '성공적인 시작'에서 나온다. 결국 문간에 발 들여놓기 기법의 본질은 상대를 설득하려 애쓰기보다, 함께 넘을 수 있는 낮은 출발선을 마련해 주는 데 있다. 자녀 교육은 물론 일상적인 대화와 가족 관계에서도 이 방식을 한 번쯤 적용해 본다면, 작은 성공들이 쌓여 설득은 부담스러운 기술이 아니라 관계를 부드럽게 이어 주는 지름길이 될 것이다.

12

새로운 환경에
적응하는 자녀에게
주는 팁!

초두 효과 Primacy Effect

초두 효과란 처음에 제시된 정보가 나중에 제시된 정보보다 더 강하게 기억되고 판단에 큰 영향을 미치는 현상을 말한다.

심리학에서 초두 효과Primacy Effect란 처음에 제시된 정보가 나중에 제시된 정보보다 더 강하게 기억되고 판단에 큰 영향을 미치는 현상을 말한다. 사람은 처음 접한 정보를 더 오래, 더 선명하게 기억하는 경향이 있으며, 이로 인해 첫인상이나 처음 들은 설명이 이후의 평가를 좌우하기 쉬운 심리 메커니즘이다. 그렇다면 왜 이러한 초두 효과라는 심리적 메커니즘이 나타나는 것일까?

첫째, 집중도의 차이다. 사람의 주의는 정보 제시 초기에 가장 높기 때문에, 처음 제시된 정보는 더 깊이 자리 잡는다. 둘째, 처음 접한 정보는 장기 기억에 저장될 가능성이 크다. 셋째, 초기 정보는 이후에 들어오는 정보를 해석하는 기준점으로 작용하여 판단의 틀을 형성한다. 예를 들어, 첫인상이 좋았던 사람은 이후에 작은 단점이 드러나더라도 이를 비교적 긍정적으로 해석하는 경향이 있다. 또한 발표나 수업에서도 초반에 핵심 내용을 명확히 전달하면 전체 평가가 긍정적으로 형성될 가능성이 크다. 시험공부에서도 처음 학습한 내용이 더 잘 기억되는 경우 역시 초두 효과의 한 예라고 할 수 있다.

미국 컬럼비아대학교의 심리학자 솔로몬 애쉬Solomon Asch는 사람에 대한 첫인상 형성 과정에서 나타나는 초두 효과를 실험적으로 연구했다. 애쉬는 1946년, 인상 형성impression formation에 관한 연구를 수행하며 다음과 같은 질문을 던졌다.

"사람들은 타인의 성격을 판단할 때 제시된 정보를 모두 동일하게 고려할까, 아니면 처음 제시된 정보에 더 큰 영향을 받을까?"

이를 검증하기 위해 그는 대학생들을 대상으로 한 실험을 진행했다. 참가자들에게 한 사람의 사진을 제시한 뒤, 그 사람의 성격 특성을 나타내는 형용사 목록을 제공하되 형용사의 내용은 동일하게 유지하고 제시 순서만 다르게 구성했다.

지적이다 → 근면하다 → 충동적이다 → 비판적이다 → 고집이 세다 → 질투심이 있다

질투심이 있다 → 고집이 세다 → 비판적이다 → 충동적이다 → 근면하다 → 지적이다

이후 참가자들에게 "이 사람은 어떤 성격의 사람인가?"라고 평가하게 했다. 그 결과는 매우 흥미로웠다. A집단은 "유능하다", "똑똑하다", "괜찮은 사람 같다"와 같은 긍정적인 평가를 주로 내린 반면, B집단은 "냉정하다", "문제가 많아 보인다"와 같은 부정적인 평가를 내리는 경향이 두드러졌다. 형용사의 내용은 완전히 동일하되 제시 순서만 달라졌을 뿐임에도 불구하고 전체 인상 평가가 크게 달라진 것이다. 이 연구는 사람들이 정보를 단순히 나열하거나 평균적으로 판단하는 것이 아니라, 처음 접한 정보가 전체 인상 형성에 결정적인 영향을 미친다는 사실, 즉 초두 효과를 명확히 보여주는 대표적인 실험으로 평가된다.

초두 효과와 자녀 교육

유아기에 부모가 보여주는 말투와 태도는 아이가 처음으로 접하는 중요한 경험이며, 이는 모두 초두 경험이라고 할 수 있다. 따

라서 부모의 말과 태도는 자녀의 인식과 정서 형성에 매우 큰 영향을 미치기 마련이다. 특히 유아는 이유보다 감정을 먼저 기억하기 때문에, 처음 느낀 감정이 그 활동이나 경험의 이미지를 형성하게 된다. 예를 들어 아이가 새로운 일이나 환경에 도전할 때, "실수하면 안 된다"라는 말보다는 "해보는 게 중요해. 실수해도 괜찮아"라고 격려하는 것이 바람직하다. 자녀에게 처음 전달된 부모의 메시지는, '도전은 부담이다' 혹은 '도전은 성장이다'라는 인식 중 하나로 각인되기 때문이다.

유치원이나 어린이집에 처음 등원하는 날 역시 부모의 태도가 매우 중요하다. "울면 안 돼", "다른 아이들도 다 가잖아"라는 말보다는 "재미있는 일이 많을 거야. 끝나고 꼭 안아줄게"와 같이 짧고 긍정적인 작별 인사가 아이의 정서 안정에 도움이 된다. 새로운 학원이나 교회, 성당 등에서 첫 사회적 경험을 할 때도 마찬가지다. "처음엔 낯설 수 있지만, 한 명만 인사해도 충분해"라는 메시지는 그 공간을 '두려운 자리'가 아니라 '조금씩 적응해 가는 자리'로 인식하도록 돕는다.

책 읽기 습관 형성 역시 초두 효과가 중요하게 작용한다. 처음 책을 접할 때 글자를 정확히 읽게 하는 것보다, 그림을 보며 이야기를 나누고 아이의 반응에 웃고 공감해 주는 경험이 우선되어야 한다. 이를 통해 아이는 '책은 공부나 시험'이 아니라 '부모와 함께하는 즐거운 시간'으로 책을 인식하게 된다.

양치질과 같은 생활 습관도 마찬가지이다. "안 하면 혼난다", "이는 꼭 닦아야 해"라는 지시보다는, 아이가 좋아하는 노래를 들어 주거나 칭찬과 함께 짧게 마무리하는 것이 효과적이다. 이렇게 형성된 첫 경험은 양치질을 의무가 아닌 놀이로 기억하게 하여, 바람직한 생활 습관이 자연스럽게 자리 잡도록 돕는다. 이때 부모가 유념해야 할 점은 처음부터 완벽을 기대하지 않는 것이다.

유아기는 병원, 미용실, 학원 등 다양한 새로운 경험을 접하는 시기이다. 이때 초두 효과를 적절히 활용하면 아이의 불안과 거부감을 크게 줄일 수 있다. 예를 들어 처음 미용실에 가는 날, "움직이면 안 돼"라는 말보다는 "머리 예쁘게 다듬고 거울 볼 거야"와 같은 긍정적인 설명이 훨씬 효과적이다.

첫 경험이 두려움으로 남으면 이후의 경험도 두려움으로 이어지기 쉽지만, 첫 경험이 안전하고 편안하게 기억되면 거부감은 자연스럽게 줄어든다. 유아는 말의 내용보다 그때의 분위기와 감정을 더 오래 기억한다. 처음은 가르치는 시간이 아니라, 느끼게 하는 시간이다. 날마다 새로운 경험을 마주하는 유아기 자녀에게, 좋은 감정을 먼저 심어줄 수 있도록 초두 효과를 교육에 적극적으로 활용해 보는 것을 권한다.

아동기 자녀를 둔 부모의 역할

아동기 부모의 핵심 역할은 정서적 안정감을 기반으로, 학습·사회성·자율성 발달을 균형 있게 지원하며 건강한 습관과 가치관을 형성하도록 돕는 것이다.

1

평범한 아이를
비범한 아이로
성장시키는 힘

: **미켈란젤로 효과** Michelangelo Effect :

미켈란젤로 효과란 상대방을 자신이 원하는 이상적인 형태로 변화시키는 심리 현상을 말한다.

이탈리아의 위대한 조각가 미켈란젤로는 어느 날 공원에서 거대하고 거친 대리석 덩어리 하나를 발견했다. 너무 크고 다루기 어렵다는 이유로 이전 조각가에게 외면당한 채 방치되어 있던 돌이었다. 그러나 미켈란젤로의 눈에는 그 돌이 달리 보였다. 그는 무려 3년이라는 시간을 들여 묵묵히 대리석을 다듬었고, 마침내 오늘날까지도 많은 이들의 감탄을 자아내는 걸작, '다비드상'을 탄생시켰다.

훗날 어떤 사람이 그에게 물었다. "어떻게 그렇게 버려진 거친 돌에서 이처럼 아름다운 조각을 만들어 낼 수 있었습니까?" 미켈란젤로는 잠시도 망설이지 않고 이렇게 답했다. "돌 속에서 이미 그 인물이 나를 부르고 있었어요." 그의 말은 단순한 비유가 아니라 확고한 신념이 담겨 있었다. 그는 돌 속에 숨어 있던 아름다움을 먼저 믿었고, 그 믿음을 끝까지 놓지 않은 채 조각에 몰두했다. 이처럼 누군가의 잠재력과 가치를 진심으로 믿고 지지할 때, 그 믿음에 부응하듯 성장과 변화를 이루어 내는 현상을 '미켈란젤로 효과Michelangelo Effect'라고 부른다.

이와 유사한 심리학 이론으로 '로젠탈 효과Rosenthal Effect'가 있다. 미국 하버드대학교의 심리학자 로버트 로젠탈은 캘리포니아의 한 초등학교에서 흥미로운 실험을 진행했다. 그는 학기 초, 1학년부터 6학년까지 각 학년의 세 개 학급을 대상으로 '하버드식 학습능력 검사'라는 이름의 테스트를 실시했다. 그리고 담임 교사들에게 이 검사가 앞으로 학업 성취가 크게 향상될 가능성이 있는 학생을 가려내기 위한 것이라고 설명했다. 이후 교사들에게 '매우 우수한 잠재력을 지닌 학생' 명단이 전달되었다. 그러나 이 명단은 실제 검사 결과에 근거한 것이 아니라, 무작위로 선정된 학생들이었다. 이 사실을 알지 못했던 교사들은 명단에 오른 아이들에게 자연스럽게 더 많은 관심과 기대를 보이게 되었다.

1년이 흐른 뒤, 결과는 놀라웠다. 무작위로 뽑힌 이들 중 약 20%의 학생들은 눈에 띄는 성장을 보였고, 일부는 시험 성적이 크게 향상되었으며 지능지수가 높아진 사례도 확인되었다. 교사의 기대와 믿음이 학생들의 태도와 노력을 변화시켰고, 그 변화가 실제 성과로 이어진 것이다. 이러한 현상을 '로젠탈 효과'라고 부르며, 오늘날 교육 현장뿐 아니라 심리치료와 조직 관리 등 다양한 분야에서 의미 있게 활용되고 있다. 결국 평범해 보이던 아이가 비범하게 성장할 수 있는 힘은, 누군가가 먼저 보내 준 긍정적인 기대와 믿음에서 비롯된다고 할 수 있다.

'기대期待'라는 말은 '바랄 기期'와 '기다릴 대待'가 합쳐진 말이다. 이 말에는 성장하는 아이를 믿고, 조급해하지 않으며 기다리고, 그 과정에서 긍정적인 피드백으로 곁을 지켜주는 것이 좋은 교사의 역할이라는 의미가 담겨 있다. 부모 역시 다르지 않다. 부모는 자녀에게 있어 최초의 교사이자, 어쩌면 평생을 함께하는 남임 교사이기 때문이다.

에디슨과 그의 어머니 이야기

'발명왕' 에디슨과 그의 어머니에 관한 일화는, 한 아이를 향한 부모의 믿음과 기대가 그의 인생을 어떻게 바꿀 수 있는지를 보여주는 대표적인 이야기로 자주 회자된다. 우리가 잘 알고 있는 발명왕 토머스 에디슨은 어린 시절, 학교생활에 쉽게 적응하지 못한 아이였다. 그는 수업 시간마다 질문이 많았고, 교사의 설명을 그대로 받아들이기보다는 끊임없이 의문을 품었다. 그러나 당시의 획일적인 교육 방식 속에서 이러한 태도는 호기심이 아니라 '문제행동'으로 받아들여졌다. 결국 학교는 에디슨을 학습능력이 부족한 아이라고 판단하며, 더 이상 가르치기 어렵다는 결론에 이르게 된다. 어느 날, 에디슨은 학교에서 받은 편지 한 통을 들고 집으로 돌아왔다. 편지를 읽은 어머니는 잠시 말이 없었다. 그리고 이내 조용히 미소를 지으며, 아들에게 편지의 내용을 읽어 내려가기 시작했다.

"토머스는 매우 똑똑한 아이이자 천재입니다.이 학교는 토머스를 품기에는 너무 작고, 그를 가르칠 만큼 충분히 훌륭한 교사도 없습니다. 그러니 더 이상 학교에 나오기보다는 집에서 어머니가 직접 가르치는 것이 좋겠습니다."

편지를 다 읽은 뒤, 어머니는 아들을 바라보며 이렇게 말했다. "선생님께서 네가 너무 똑똑해서 학교 수업만으로는 부족하다고 하시는구나. 엄마도 그렇게 생각했어. 그러니 내일부터는 엄마와 함께 공부하자."

그날 이후 에디슨의 어머니는 아들을 학교에서 데려와 직접 가르치기 시작했다. 책을 함께 읽고, 질문하는 것을 격려했으며, 아이의 호기심을 억누르지 않았다. 실패를 꾸짖기보다 시도 자체를 칭찬했고, 배움의 즐거움을 스스로 느낄 수 있도록 도왔다. 그렇게 시간이 흘러 에디슨은 세계적인 발명가로 성장하게 되었다. 그리고 어머니가 세상을 떠난 뒤 유품을 정리하던 어느 날, 그는 우연히 그 편지의 실제 내용을 알게 된다. 그 안에는, 그가 알고 있던 이야기와는 전혀 다른 내용이 적혀 있었다.

"당신의 아들 토머스는 지적 능력이 매우 부족합니다. 정신적인 문제가 심각해 이 학교와 전혀 어울리지 않으며, 수업 진도를 따라갈 수 없고 앞으로도 나아질 가능성이 보이지 않습니다. 이에 따라 오늘부로 퇴학 조치를 결정합니다."

이 편지를 읽은 에디슨은 눈물을 흘리며 이렇게 말했다고 전해진다. "나는 정말 지진아였고 부족한 아이였지만, 나의 영웅인 어머니가 나를 천재로 만들었다. 어머니는 나를 믿어주셨고, 그 믿음이 오늘의 나를 만들었다." 이 이야기는 '미켈란젤로 효과'의 본질을 잘 보여준다.

어머니는 학교의 평가에 매달리지 않고 아이의 가능성을 선택했고, 그 믿음은 에디슨이 스스로를 유능한 존재로 인식하게 만들었다. 결국 아이를 성장시킨 것은 특별한 교육 방법이나 기적 같은 재능이 아니라, "너는 할 수 있다"는 단 한 사람의 확신이었다. 부모의 말과 태도는 아이에게 평생 남는 메시지가 된다. 에디슨의 어머니처럼, 아이를 바라보는 한 사람의 믿음이 한 사람의 인생을 완전히 바꿀 수 있는 것이다.

2

왜 칭찬은 어렵고
지적질은 쉬울까?

부정성 편향이란 긍정적인 사건이나 정보보다 부정적인 사건이나 정보에 더 강하게 반응하는 심리적 현상을 말한다.

초등학교에 입학하는 시기의 자녀에게 부모는 '격려자' 역할을 해야 한다. 이 시기의 핵심 발달 과업은 '근면성'을 기르는 것이다. 부모는 자녀가 스스로 목표를 세우고 그 목표를 달성할 수 있도록 조력자의 역할을 맡아야 한다.

자녀가 작은 성공 경험을 반복하면 도전 의욕을 키울 수 있고, 다양한 성취 경험을 통해 근면성을 획득할 수 있다. 이 시기에는 부모가 1만큼 칭찬하면 1만큼 성장하고, 5만큼 격려하면 5

만큼 발전한다고 해도 과언이 아니다. 부모의 지지와 격려가 매우 중요하다. 적절한 격려는 단순히 근면성을 길러 주는 것에 그치지 않고, 자녀 마음속에 쌓여 인생의 위기 순간에는 회복 탄력성으로 발현된다. 누구나 삶에서 넘어질 수 있지만, 빨리 일어서는 아이와 그대로 좌절하는 아이의 차이는 바로 이 회복 탄력성의 유무에 달려 있다.

또한, 부모의 지지와 격려는 자존감 형성의 기반이 된다. 자존감은 외부 평가에 흔들리지 않는 '내면의 존귀함과 소중함'이다. 반면 자존심은 타인의 평가에 의존하며, 평가가 좋지 않으면 쉽게 상한다. 따라서 자존감이 높은 아이일수록 친구 관계에서도 원만하고 안정적인 경향을 보인다. 근면성, 회복 탄력성, 자존감은 모두 부모의 칭찬과 긍정직 피드백으로 만들어지는 '홈 메이드Home made'이다. 그러나 이론을 안다고 해서 실제 생활에서 이를 실천하는 것은 쉽지 않다. 격려보다는 지적이 많아지고, 칭찬보다는 보완점을 찾게 되는 경우가 흔하다. 자신을 이상한 부모라고 생각할 필요는 없다. 이는 인간 심리에 내재된 '부정성 편향Negativity bias' 때문이다.

부정성 편향이란, 긍정적인 정보보다 부정적인 정보가 우리에게 더 큰 영향을 미치는 심리적 현상을 말한다. 예를 들어 누군가 "일도 잘하고 예쁘지만 이기적이다"라고 평가하면, 긍정적인 면이 많음에도 불구하고 '이기적'이라는 부정적 표현에 더 큰 자극을 받게 된다. 나쁜 소문이 좋은 소식보다 빨리 퍼지는 이유나, 모임에서 한 명의 팀원이 불참했을 때 참석한 팀원들이 불참한

팀원의 장점보다는 단점을 먼저 이야기하는 경향 역시 일상 속 부정성 편향의 사례라 할 수 있다.

그렇다면, 인간에게 부정성 편향이라는 심리적 메커니즘이 나타나는 이유는 무엇일까? 그것은 부정적인 정보가 인간의 생존에 더 큰 역할을 했기 때문이다. 인류의 역사는 생존의 위험을 예측하고 대비하는 과정에서 형성되었으므로, 자연스럽게 사람들은 부정적인 정보에 더 큰 주의를 기울이도록 진화한 것이다.

하지만, 부정적 효과를 일으키는 정보가 항상 절대적인 것은 아니다. 개인의 경험과 환경에 따라 달라질 수 있다. 한 실험에서, 참가자들이 잘 익은 딸기만 연속으로 골라낸 집단은 바구니 안에 많은 잘 익은 딸기가 있다고 생각했지만, 상한 딸기만 고른 집단은 익은 딸기 수가 적다고 예측했다. 즉, 동일한 정보라도 개인의 경험에 따라 부정적 효과가 달라질 수 있다는 뜻이다.

또한 '확증 편향^{Confirmation bias}'이라는 심리 법칙에 따르면, 긍정적인 사람은 긍정적인 정보만, 부정적인 사람은 부정적인 정보만 선택적으로 받아들이는 경향이 있다. 그러므로 부정적인 시각을 가진 사람은 부정성 편향이 더욱 강화된다. 긍정적인 시각을 갖도록 노력하는 것이 매우 중요하다.

부정성 편향을 넘어: 자녀의 장점을 찾는 법

"성공한 사람은 뇌를 속이는 사람이고, 실패한 사람은 뇌에 속는 사람이다"라는 말이 있다. 부정성 편향을 표현한 말일 것이다. 그러므로 부정성 편향으로 흐르고 있는 뇌를 긍정성으로 속여야겠다. 색종이에만 양면이 있는 것이 아니라, 모든 상황과 사람에게도 양면성이 있다. 시각을 바꾸면 단점도 장점으로 보일 수 있다. 따라서 이 글을 읽는 부모들에게 지금부터라도 자녀의 장점을 50가지 이상 적어 보기를 권한다. 어린이날이나 생일에 자녀에게 전달하면 큰 감동을 줄 것이다.

부모 교육 현장에서 많은 부모가 5가지 이상 적기 어렵다고 호소할 때, 먼저 자녀의 단점을 적게 하고, 이를 긍정적인 관점으로 바꾸는 연습을 제시한다. 예를 들어, 고집 센 아이 → 뚝심 있는 아이, 답답한 아이 → 원칙을 중시하는 아이, 신경질적인 아이 → 민감한 아이, 나대는 아이 → 적극적인 아이, 이기적인 아이 → 자기에게 충실한 아이 등, 이처럼 단점을 장점으로 재해석하면 부정적 시각에서 벗어나 긍정적 관점을 갖게 된다.

부정성 편향을 극복하는 긍정적 시각은 자녀 교육뿐 아니라 대인관계와 삶 전반의 행복에도 큰 영향을 미친다. 삶의 시각을 바꾸면 세상도 달라진다. 그러므로 긍정적인 시각에서 사물을 바라보는 것이 중요하다. 아름다운 세상은 바로 내 시각에 따라 나타났다 사라지는 마술 같은 스크린이다. 세상은 있는 그대로 보이는 것이 아니라, 보이는 대로 존재하는 것이므로.

（3）

비언어적인 메시지로 자녀와 친밀감 형성하기

메라비언 법칙 The Law of Mehrabian

메라비언 법칙이란 상대방에 대한 인상이나 호감을 결정하는 데, 비언어적인 메시지 55%, 목소리 38%, 말의 내용은 7%가 작용한다는 법칙이다.

자녀 교육에서 부모와 자녀 간 친밀도는 매우 중요한 요소다. 부모와 사이가 좋은 아이는 부모에 대한 신뢰가 높아, 문제가 생겼을 때 친구보다 부모에게 먼저 의논하는 경향이 있다. 이런 아이일수록 부모가 제안하는 해결책에 잘 순응한다. 반면, 부모와의 관계가 원활하지 않은 아이는 가장 비밀로 해야 할 대상이 부모가 되기 때문에, 문제가 심각해진 후에야 부모에게 알리는 경우가 많다. 그렇다면 지금 여러분과 자녀 간 친밀도 점수는 몇 점인가? 자녀가 둘이라면 첫째와 둘째 각각의 점수가 다를 수도 있다. 100점 만점 기준에서 10점을 올리려면 어떻게 해야 할까? 특히 친밀도가 낮은 자녀와 점수를 높이기 위한 구체적인 실천 방안은 무엇인지 생각해 볼 필요가 있다.

부모 교육 현장에서 많은 부모가 공통으로 제시하는 실천법은 다음과 같다. 아이의 말을 귀 기울여 듣기, 아이와 함께 보내는 시간 늘리기, 비난과 잔소리 줄이기, 자녀의 욕구를 읽어주기, 아이의 마음을 헤아려 주기 등이다. 그중에서도 가장 빠지지 않고 나오는 방법은 '하루에 한 번씩 칭찬과 격려하기'다. 필자 역시 부모 교육 강사로서 "하루에 한 가지씩 자녀를 칭찬하고 격려하라"고 적극 권장한다. 칭찬과 격려는 다른 방법에 비해 구체적이고 명확하여 실천 가능성이 크고, 진밀도를 높이는 네 매우 효과적이다. 하지만 갑자기 칭찬이 어색하고 쑥스러울 경우, 말 대신 몸으로 표현해도 된다. 심리학 연구에 따르면, 말로 하는 소통보다 몸으로 하는 소통이 더 강력한 효과를 가진다고 밝혀졌다.

1960년, 미국에서 최초로 대통령 후보자 간 TV 토론이 진행되었다. 당시 공화당 후보 리처드 닉슨과 민주당 후보 존 F. 케네디가 맞붙었는데, 닉슨은 지지도 1위였지만 TV 화면에서는 창백하고 지쳐 보였으며, 스타일도 촌스러웠다. 반면 케네디는 스타일리시한 외모와 자신감 넘치는 표정, 카메라를 직접 응시하는 눈빛으로 강한 인상을 남겼다. 정책 내용 면에서는 닉슨이 월등했지만, 라디오만 들은 사람들은 닉슨을 지지했고, TV 토론을 본 사람들은 케네디를 더 선호했다. 결국 케네디는 근소한 차이로 최연소 대통령으로 당선되었다. 이 사례를 바탕으로 캘리포니아 대학의 앨버트 메라비언 교수는 의사소통에서 상대에게 긍정적인 영향을 미치는 요소로 말의 내용이 차지하는 비중은 겨우 7%에 불과하며, 목소리와 억양 등 청각적 요소가 38%, 시각적 요소가 55%를 차지한다고 밝혔다. 즉, 비언어적 메시지가 의사소통에 미치는 영향이 매우 크다.

이를 '메라비언 법칙'이라고 하며, '무엇을 말하느냐'보다 '어떻게 말하느냐'가 훨씬 중요하다는 뜻이다. 따라서 중요한 면접이나 미팅, 심지어 부모-자녀 소통에서도 표정, 목소리 톤, 눈빛, 제스처 같은 비언어적 표현에 신경 써야 한다. 특히 갈등 상황에서는 문자 메시지보다는 전화 통화, 가능하면 직접 만나서 대화하는 것이 훨씬 효과적이다. 문자만으로는 감정이 왜곡되기 쉽고, 비언어적 요소가 빠져 갈등이 커질 수 있기 때문이다.

그렇다면 자녀 교육에서 메라비언 법칙을 활용하여 친밀도를 높이는 방법을 생각해 보자. 부모가 학교에서 돌아온 자녀를 환한 미소로 맞이하거나, 우울한 자녀를 안아주고, 시험을 앞둔 자녀의 어깨를 토닥이거나, 새벽에 등교하는 아이에게 '엄지 척'을 해 주는 것 모두 비언어적 소통의 좋은 예다.

서울 소재 초등학생을 대상으로 한 설문조사에 따르면, 자녀들이 부모에게서 가장 듣기 싫은 말 1위는 "제발 공부 좀 해라"였고, 가장 듣고 싶어 하는 말 1위는 "사랑해"였다. 부모는 자녀를 사랑하지만, 그 마음을 표현하는 데 어려움을 겪는 경우가 많다. 사랑하는 마음을 말로 표현하기 쑥스러운 부모라면 오늘부터 몸으로 전하는 연습을 시작하는 것이 좋다. 메라비언 법칙에 의하면 "행동의 소리가 말의 소리보다 크다". 부모의 따뜻한 눈빛과 격려, 진심 어린 몸짓이 자녀와의 친밀도를 높이는 방법이 될 것이다.

4

자녀에게 힘이 되는
관심의 마력!

호손 효과 Hawthorne Effect

호손 효과란 다른 사람의 시선을 인식할 때 본래의 의도와 다르게 행동하며 작업의 능률이나 생산성까지 올라가는 현상을 말한다.

최근 카페에서는 단순히 커피를 마시러 오는 손님보다 공부나 간단한 작업을 하러 오는 사람이 더 많아졌다. 이처럼 카페에서 공부하는 사람들을 일컫는 '카공족'이라는 신조어도 생겼다. 일부 심리학자들은 이러한 현상을 '호손 효과Hawthorne Effect'와 관련지어 설명한다. 호손 효과란, 누군가가 자신을 관찰하거나 관심을 갖고 있다는 사실을 인지할 때 사람들의 행동이 달라지는 현상을 말한다.

호손 효과는 1924년 미국 일리노이주의 호손 공장에서 진행된 한 실험에서 처음 발견되었다. 하버드대 사회학 교수 엘튼 마요Elton Mayo는 조명의 밝기를 조절하며 작업자의 생산성 변화를 관찰하는 실험을 진행했다. 조명을 밝게도, 어둡게도 바꾸었지만, 생산성에는 큰 차이가 없었다. 그런데 실험 기간에 모든 환경에서 생산성이 크게 향상되었고, 실험이 끝나자 다시 이전 수준으로 돌아갔다.

마요 교수는 실험 종료 후 작업자들과의 인터뷰를 통해 중요한 사실을 알게 되었다. 바로 작업자들이 자신이 관찰 받고 있다는 사실을 인지하면서, '연구 대상'이라는 책임감과 '누군가가 자신을 주목하고 있다'는 인식 때문에 생산성이 향상되었다는 점이다. 이는 조명 변화 자체보다 관찰 받는다는 심리적 요인이 행동에 더 큰 영향을 준다는 것을 보여주었다. 이러한 현상을, 실험이 이루어진 공장의 이름을 따서 '호손 효과'라고 부른다.

이후, 캘리포니아주립대 찰리 윌리엄Charlie William 교수는 육상 선수들의 달리기 속도를 측정하는 실험에서 관찰자의 존재가 선수들의 달리기 속도에 영향을 미친다는 사실을 확인했다. 관찰자가 있는 중간 지점을 통과할 때 선수들은 무의식적으로 속도를 높였는데, 이는 '누군가의 관심과 시선이 동기부여에 영향을 준다'는 것을 보여준다.

이처럼 호손 효과는 우리 주변에서 쉽게 경험할 수 있다. 예를 들어, 교실에서 참관 수업이 있을 때 학생들이 모범적으로 수업에 참여하는 모습이나, 공개수업에서 평소 발표를 하지 않던 학생이 여러 번 발표하는 경우가 대표적이다. 또한, 화장실에 눈 모양 그림을 걸어두면 손 씻는 빈도가 증가하는 사례도 있다. 이는 사람들에게 '관찰 받고 있다'는 심리적 인식이 행동을 변화시킨 결과다.

시험이나 평가 역시 호손 효과의 좋은 예다. 학생들은 시험이 진행되고 평가를 받는다는 사실을 인지하면 더 열심히 공부하고 성적 향상을 위해 노력한다. 물론 스트레스가 따르기도 하지만, 시험은 교사와 부모의 관심이 집중된 상황임을 보여준다.

따뜻한 관심이 만드는 변화, 호손 효과의 힘

자녀 교육에 있어서도 호손 효과를 긍정적으로 활용할 수 있다. 자전거를 배우거나 축구, 줄넘기 등의 신체활동에서 부모가 옆에서 지켜보고 격려하는 것만으로도 자녀는 안정감과 자신감을 얻고 더 열심히 노력한다. 부모가 직접 참여하지 않더라도 자녀의 노력을 관심 있게 지켜봐 주고 응원하는 것만으로도 큰 힘이 된다. 독서 습관 형성 역시 마찬가지다. 부모가 함께 책을 읽고, 책 내용을 대화하며 관심을 보이면 자녀는 독서에 더 흥미를 느끼고, 부모와의 정서적 유대감도 강화된다. 자녀가 읽은 내용을 부모에게 이야기하고, 부모가 진심으로 경청하는 것만으로도 자녀는 책을 읽고자 하는 마음이 커진다.

호손 효과는 결국 '따뜻한 관심'이 필요하다는 인간 심리의 증거다. 하지만 여기서 중요한 점은 '간섭'과 '관심'은 다르다는 사실이다. 많은 부모가 자녀 교육에 어려움을 겪는 이유는 관심을 주어야 할 때 이를 간섭으로 오해하거나, 지나치게 개입하여 자녀의 학습 의욕을 저해하기 때문이다.

간섭은 자녀가 원하지 않는데도 지나치게 개입해 통제하려는 행위이며, 관심은 자녀의 감정과 상황을 배려하며 그들의 성장을 돕고자 하는 마음이다. 즉, 간섭은 자녀 행동을 제한하는 '통제'이고, 관심은 자녀를 위한 '배려'다. 쉽게 말해, 간섭은 '갑질', 관심은 '사랑'이다. 따라서 자녀 교육에서 호손 효과를 효과적으로 활용하려면 간섭과 관심의 차이를 명확히 이해하고, 자녀가 스스로 성장할 수 있도록 따뜻한 관심과 응원을 보내는 것이 중요하다.

5

팔랑귀 부모가
되지 않으려면

레밍 효과 Lemming Effect

레밍 효과란 사람들이 특정 행동을 할 때 특별한 고민이나 판단 없이 다수의 행동을 그대로 따라 하는 심리적 현상을 말한다.

레밍은 북유럽에 사는 작은 설치류로, 떼 지어 벼랑에서 떨어져 죽는 것처럼 보이는 행동으로 유명하다. 하지만 이는 레밍의 근시와 떼 지어 행동하는 본능에서 비롯된 비극적 사고다. 연구에 따르면 레밍은 멀리 있는 것을 잘 보지 못해, 앞서 뛰어내린 레밍을 따라 바다에 빠지는 경우가 있다. 또한 레밍은 빠른 속도로 직진하며 떼 지어 움직이기 때문에, 한 마리가 움직이면 다른 레밍들도 무조건 따라가는 경향이 있다. 인간 사회에서도 이와 비슷한 현상을 레밍 효과Lemming Effect라고 하며, 군중심리와 밀접한 관련이 있다.

일상 속 레밍 효과

레밍 효과는 생활 속 다양한 상황에서 나타난다. 예능 방송에서 삽입되는 인조 웃음을 보면 시청자들도 따라 웃는다. 방문 판매원이 "옆집 00 씨도 샀어요"라고 말하면 구매율이 높아진다. 바텐더가 팁을 넣는 유리병에 돈을 미리 넣어 두면 손님들도 자연스럽게 동참한다. 이는 사람들에게 타인을 따라야 한다는 본능이 있으며, 심지어 확실한 답이 있어도 다수의 의견에 동조하게 되는 경향을 보여준다.

미국 사회심리학자 솔로몬 애쉬Solomon Asch의 선분 동조 실험은 이를 명확히 보여준다. 실험에서 혼자일 때는 정답률이 99%였지만, 다른 사람들이 오답을 말한 집단에 속했을 때는 정답률이 23%로 떨어졌다. 사람들은 자신이 착각했다고 생각하며, 자신이 군중심리에 동조했다는 사실을 잘 인식하지 못한다.

이처럼 인간이 다수를 따르려는 본능은 원시 시대 생존에 유리했기 때문이다. 집단에서 소외되는 것은 곧 생존의 위협으로 이어졌기에, 인간은 자연스럽게 집단에 동조하고 협력하며 문명을 발전시켜 왔다. 그러나 군중심리가 항상 긍정적인 결과만을 가져오는 것은 아니다. 인종차별, 여론몰이, 마녀사냥 등 사회적

폐해가 그 대표적인 예이다. 이는 개인이 이성보다는 감정에 따라 무의식적으로 행동하게 되기 때문이다.

교육에서 레밍 효과를 경계하기

최근 초·중학교 자녀를 둔 부모들이 가장 선호하는 주거지로 '대전'이 거론된다. 여기서 말하는 대전은 충청도에 위치한 도시가 아니라 '대치동 전세'를 줄여 부르는 신조어다. 물론 우스갯소리로 사용되는 표현이다. 강남구 대치동의 집값이 워낙 높아 구매는 엄두도 내기 어렵고, 전세로만 거주할 수 있어도 다행이라는 현실을 반영한 말이다. 그렇다면 서울 강남구 대치동은 왜 살고 싶은 곳 1위가 되었을까? 흔히 말하는 우수한 학군과 유명 일타 강사들이 그 이유로 꼽힌다. 하지만 현장에서 학원을 운영하는 강사들의 이야기를 들어보면, 수강생의 다수는 아이 스스로가 아니라 부모의 선택에 따라 학원에 다니고 있다. 주변을 따라 학원을 선택하고 학습지를 시키는 부모들의 모습은, 마치 집단을 따라 움직이는 레밍을 연상시킨다.

그렇다면 부모로서 레밍에서 벗어나려면 어떻게 해야 할까?

교육의 목적을 명확히 하기

"우리 아이를 왜 공부시키는가?"라는 질문부터 시작한다. "좋은 대학에 가야 한다" 혹은 "좋은 직장에 취직해야 한다"와 같은 답을 얻었다면, 다시 한번 "왜 좋은 대학, 좋은 직장인가?"를 물어서 궁극적인 목표가 아이의 행복이라는 근본적 목적에 도달해야 한다. 따라서 부모가 자녀에게 공부를 시키는 이유는 자녀의 행복한 삶을 위해서다. 그러므로 공부의 주체는 부모가 아니라 자녀가 되어야 한다. 아이의 적성과 재능에 맞춰 학습을 설계하고, 아이가 스스로 선택하고 목표를 세우도록 도와야 한다.

코치형 부모 되기

교육에는 크게 두 가지 방식이 있다. 하나는 티칭^{Teaching}이고, 다른 하나는 코칭^{Coaching}이다. 티칭이란 지식을 전달하는 주입식 교육을 의미한다면, 코칭은 아이 안에 이미 존재하는 가능성과 잠재력을 신뢰하고 그것을 스스로 발현하도록 이끌어 주는 교육이다. '에듀케이션^{Education}'의 어원은 '끌어내다'라는 뜻을 지닌다. 이런 의미에서 부모는 자녀의 잠재력을 앞서서 끌고 가는 존재가 아니라, 히말라야 등반대를 위해 길을 안내하는 셰르파^{Sherpa} 같은 역할을 하는 것이 이상적이다. 이를 위해 가장 먼저 필요한 태도는 자녀를 있는 그대로 존중하는 것이다.

자녀를 있는 그대로 존중하는 태도는 자녀 교육의 출발점이자 핵심이다. 이는 조건 없는 존중을 의미한다. 공부를 잘해서, 말을 잘 들어서, 외모가 뛰어나서, 착해서 존중받는 것이 아니라, 그 존재 자체로 존중받아야 한다는 뜻이다. 이는 곧 아이 한 사람의 고유성을 인정하는 것이며, 이를 단독성Singularity이라 부른다. 설령 같은 부모에게서 여러 아이가 태어나더라도, 그 누구도 이 아이를 대신할 수 없다는 절대적 존엄에 대한 존중이다.

그러나 현실에서는 부모가 "내가 낳았고, 내가 키웠다"는 이유로 자녀를 자신의 소유물처럼 여기는 경우가 적지 않다. 극단적인 예로, 생활고에 시달리다 자녀와 함께 생을 마감하는 사건은 자녀를 독립된 인격체가 아닌 소유물로 인식한 비극적 사례라 할 수 있다. 자녀는 부모에게서 태어났지만, 부모의 소유가 아니다. 부모를 '통해' 이 세상에 왔을 뿐이며, 조물주의 눈으로 보면 부모와 자녀는 모두 동등한 인격체다. 부모는 다만 '부모'라는 역할을 선물로 받았을 뿐이다.

부모가 더 많이 배우고, 더 많은 경험을 했고, 자녀를 가장 사랑한다는 이유로 자녀의 삶을 마음대로 통제하려 할 때, 이는 오히려 자녀의 자율성과 독립성을 훼손하게 된다. 그러므로 자녀가 건강한 독립을 이루기 위해서는, 부모가 자녀를 있는 그대로 존중하고, 가르치려 하기보다 코칭하는 자세를 가져야 한다.

미래 성인이 된 자녀 모습을 상상하기

20대 자녀의 모습, 즉 부모가 바라는 사회적 성인상을 한 문장으로 표현해 본다. "주체적으로 책임감 있게 살아가는 사람", "남과 어울리며 행복을 느끼는 사람", "이웃을 사랑하고 봉사하는 삶을 사는 사람" 등이다. 이처럼 교육관이 확고해지면, 남들이 다 가는 학원을 따라 보내지 않아도, 아이가 공부를 못해도 마음이 흔들리지 않는다.

레밍 효과는 단순한 군중심리 이상의 의미를 갖는다. 부모가 무작정 남을 따라가는 레밍이 되지 않으려면, 자녀 교육의 방향과 목적을 명확히 설정하고, 아이의 주체성을 존중하며, 부모 자신의 삶과 가치관을 점검해야 한다. 부모가 자신만의 교육 철학을 실천하고 삶으로 보여줄 때, 아이는 자연스럽게 주체적으로 성장하며, 군중심리에 휘둘리지 않고 자신의 길을 찾는다.

내 아이를
피터 팬으로
만들지 않으려면

피터 팬 증후군은 어른이 되었음에도 불구하고 심리적·정서적으로 성숙하지 못한 상태로 사회적 책임과 성인의 역할을 회피하고, 어린아이처럼 행동하려는 성향을 말한다.

부모 교육 현장에서 부모들에게 종종 이런 질문을 던진다.

"지금으로부터 15~20년 뒤, 희망하는 자녀의 모습을 한 줄로 표현한다면 무엇일까요?"

부모들은 자녀가 성인이 되었을 때의 모습을 떠올리며 저마다의 바람을 담아 다양한 답을 내놓는다. 어떤 부모는 일류 대학을 졸업해 대기업에 다니는 자녀를, 또 어떤 부모는 의사나 변호

사처럼 사회적으로 인정받는 직업을 가진 자녀를 떠올리기도 한다. 그러나 교육 현장에서 부모들이 실제로 이야기하는 자녀의 모습은 대체로 다음과 같다.

"자신의 꿈을 이루며 행복하게 살아가는 사람, 부모에게 의존하지 않고 독립적으로 살아가는 사람, 주변과 조화를 이루며 자신의 일을 즐겁게 해나가는 사람" 등이다. 이러한 응답은 이미 많은 부모가 교육에 대해 분명한 가치관을 가지고 있음을 보여준다.

교육의 궁극적 목표: 독립

자녀 교육의 가장 큰 목표는 자녀의 독립이다. 아래 그림은 자녀의 행동에 대한 부모-자녀 간 책임감의 비중을 나타낸다. 자녀가 신생아 때 발생하는 문제는 전적으로 부모의 책임이다. 그러나 자녀가 성장하면서 부모는 점차 자녀에게 선택의 기회를 넘기고,

그 선택의 결과 또한 자녀 스스로 감당하도록 해야 한다. 이 과정을 통해 자녀가 성인이 되었을 때, 부모는 자연스럽게 자녀의 행동에 대한 책임에서 벗어난다.

여기서 말하는 '독립'은 단순히 물리적으로 떨어져 사는 것을 의미하지 않는다. 관계적 독립뿐 아니라 경제적 독립, 정서적 독립까지 포함한 전인적 독립을 뜻한다. 자녀가 성인이 되어 부모로부터 자연스럽게 독립하고 사회에서 제 몫을 다하는 존재로 살아갈 때, 비로소 부모의 교육은 완성된다.

피터 팬 증후군과 가정교육

하지만 현실에서는 성인이 되었음에도 불구하고 부모에게 의존하며 경제적 지원을 받는 경우도 적지 않다. 이런 현상을 심리학에서는 '피터 팬 증후군Peter Pan Syndrome'이라고 한다. 피터 팬 증후군이란 신체는 성인이 되었지만, 정신과 정서는 여전히 어린아이에 머무르는 상태이며, 책임과 사회적 기대를 회피하고 가족에게 의존하려는 경향을 말한다.

임상심리학자 댄 카일리는 이 현상의 원인을 가정환경의 불안정과 가정교육의 약화에서 찾았다. 즉, 부모가 어린 시절 자녀의 모든 문제를 대신 해결해 주고, 자율성과 책임감을 경험할 기회를 주지 않았을 때 발생한다. 따라서 자녀가 독립적인 성인으로 성장하기 위해서는 부모의 태도 변화가 필수적이다.

첫걸음: 부모의 말투 바꾸기

부모들이 자녀에게 자주 사용하는 말투는 명령형이나 지시형이다. "장난감 치워", "숙제 해", "빨리 해"와 같은 말투는 단기적으로는 효과가 있다. 아이는 부모에게 의존하기 때문에 따르게 된다. 하지만 장기적으로는 이러한 명령-지시 말투로 인해 책임감이 결여되고, 자율성과 자신감이 성장하지 못하며, 의존적인 성인이 될 가능성이 크다.

이러한 명령·지시 말투 대신 '사감바 대화법'을 활용하면 효과적이다. '사감바 대화법'은 사실 → 감정 → 바람 순서로 뜻을 전달하는 방법으로, "엄마, 아빠는 (사실) 때문에 (감정)을 느꼈다. (바람)했으면 좋겠어"라고 표현한다. 예를 들어, 단순히 사실만 전달해도 아이는 부모의 감정과 바람을 충분히 이해한다. 중요한 것은 부모의 판단이나 의견을 배제하고, 객관적 사실만 전달하는 것이다.

"또 화장실 불 안 껐네! 불 꺼!" → "화장실 불이 켜져 있다."

"게임 그만 안 할래?" → "게임을 3시간 했다."

"얼른 밥 먹고 학원 가야지, 늦겠다!" → "지금 4시 40분이다."

이렇게 사실 중심으로 말하면, 아이는 상처받지 않고 스스로 무엇을 해야 할지 인식하게 된다. 결과적으로 감정적 충돌 없이 자율적인 행동을 자연스럽게 유도할 수 있다.

책임감과 자율성 경험

자녀가 성장함에 따라 작은 성취와 책임감을 경험할 수 있는 기회를 주어야 한다. 이 과정에서 부모의 따뜻한 지지와 격려는 필수적이다. 이러한 부모의 역할 변화는 자녀를 독립적이고 건강한 사회인으로 성장시키는 길이며, 동시에 부모로서의 역할을 완성하는 과정이기도 하다. 궁극적으로 교육의 목표는 자녀가 부모의 보호막을 벗어나 독립된 사회 구성원으로 살아가도록 돕는 것이다. 이를 위해서는 일상의 작지만 구체적인 언어 실천부터 시작해야 한다. 자녀의 주체성과 자율성을 존중하는 부모의 자세가 진정한 사랑이며, 교육의 완성이다.

(7)

조건형성으로
아름다운 추억만들기

⋮ **조건형성** conditioning ⋮

조건형성이란 두 개 이상의 자극이 연관되었을 때 사람이나 동물이 새로 학습된 행동을 하는 것을 의미한다.

필자에게는 커피를 즐기는 친구가 한 명 있다. 그는 커피잔까지 데워 가며 완벽한 온도로 커피를 마시는 진정한 커피 마니아다. 그런데 유독 믹스커피를 마실 때만큼은 종이컵을 고집한다. 믹스커피는 종이컵에 타야 제맛이 난다는 것이 그의 주장이다. 또 다른 친구는 계란프라이를 반드시 케첩에 찍어 먹는다. 계란프라이는 케첩과 함께해야 제대로 된 맛이 난다는 그의 생각은 시간이 지나도 변하지 않는다. 이처럼 특정 음식이나 행위가 특정 방식과 결합 되어 선호로 굳어지는 현상을 심리학에서는 조건형성conditioning에 의해 형성된 연합association이라고 설명한다.

필자 역시 비슷한 경험을 한다. 어떤 음악을 들을 때면 특정 장면이 자연스럽게 떠오르곤 한다. 베토벤의 「엘리제를 위하여」를 들으면 1980년대 후진하던 초록색 쓰레기차가 떠오른다. 비발디의 「사계」 중 '봄' 1악장을 들으면 학창 시절 점심시간에 친구들과 도시락을 나누어 먹던 기억으로 순간 이동하게 된다. 이처럼 특정 자극이 특정 반응이나 기억을 자동으로 불러오는 현상은 심리학에서 고전적 조건형성Classical Conditioning으로 설명된다.

파블로프의 개와 고전적 조건형성

러시아의 생리학자 이반 파블로프는 개에게 먹이를 줄 때마다 종을 울리는 실험을 진행했다. 그러자 나중에는 종소리만으로도 개가 침을 흘리게 되었다. 먹이라는 자극과 종소리라는 자극이 연합되면서, 종소리만으로도 '침 흘림'이라는 반응이 나타난 것이다. 이러한 현상을 고전적 조건형성이라고 한다. '고전적'이라는 명칭이 붙은 이유는, 이 조건형성 실험이 심리학 연구에서 가장 먼저 시도되었고 오랫동안 사용되어 왔기 때문이다.

파블로프의 연구는 이후 인간 행동을 이해하고 변화시키는데 중요한 토대를 제공했다. 예를 들어, 첫사랑의 장소를 방문하면 그때 느꼈던 설렘이 떠오르거나, 금연을 결심한 사람이 술을 마실 때 흡연 욕구가 강해지는 현상은 고전적 조건형성의 결과다. 장소와 첫사랑, 술과 담배가 각각 연합되면서 특정 반응을 불러오기 때문이다.

고전적 조건형성은 일상생활에서도 폭넓게 활용된다. 광고와 마케팅에서는 제품과 즐거운 음악, 아름다운 풍경, 혹은 유명배우를 연합시켜 소비자에게 긍정적인 감정을 학습시키기도 한다. 운동 습관 형성에서도 같은 원리를 볼 수 있다. 예를 들어, 듣고 싶은 음악을 들으며 운동을 시작하면 처음에는 음악 때문에 운동을 하지만, 시간이 지나면 음악을 듣고 싶을 때 운동을 하고 싶어지게 된다. 이처럼 특정 자극과 행동을 연합하면 습관을 자연스럽게 형성힐 수 있다. 애완견 훈련에시 배변을 특정 징소에서 했을 때 보상을 주는 방법 역시 조건형성의 원리를 활용한 사례라 할 수 있다.

자녀 교육에서의 적용

조건형성은 자녀 교육에서도 효과적으로 활용될 수 있다. 아이가 특정 과목을 지루하거나 어렵게 느낄 경우, 그 과목을 긍정적인 경험과 연합시키면 학습 동기를 높일 수 있다. 필자는 사회 과목을 어려워하던 딸아이에게 가장 좋아하던 역할놀이를 접목했다. 인형을 활용해 필자는 학생 역할을 맡고, 딸아이는 선생님 역할을 하도록 했다. 딸아이는 선생님 놀이를 즐기는 과정에서 자연스럽게 사회 과목을 익히게 되었고, 역할놀이를 하고 싶을 때마다 스스로 사회 공부를 제안하기도 했다. 선생님 놀이를 즐겨 하던 딸아이는 현재 초등학교 교사가 되었다.

정서적 반응도 조건형성으로 학습된다. 어린 시절 가족 여행 중 아빠 차에서 흘러나온 노래는, 장성한 후에도 그 음악을 들으면 행복한 기억을 불러온다. 반대로 불쾌한 경험과 연관된 자극은 부정적 감정을 유발할 수 있다.

시험 준비와 같은 상황에서도 조건형성 활용은 가능하다. 실제로 필자의 아들은 30살이 넘었지만, 시험을 앞둔 날이면 어린 시절 엄마가 만들어주던 삼각 샌드위치를 찾는다. 시험공부와 삼각 샌드위치가 연합되면서, 음식과 시험 준비가 조건 형성된 셈이다. 그럴 때마다 필자는 15년 전 레시피대로 동일한 브랜드의 햄과 치즈를 구입해서 예전처럼 만들어주곤 한다. 시험 준비와 엄마의 정성이 함께한 이 경험은 아이에게 아름다운 추억으로 남았다는 증거다.

이처럼 조건형성을 이해하고 활용하면, 자녀의 학습 습관과 정서적 반응을 긍정적으로 형성하는 데 도움이 된다. 생활 속에서 자녀에게 아름다운 추억을 만들어 줄 수 있는 조건형성을 고안하는 것도 '충분히 좋은 부모good enough parent'가 되는 길이다.

8

자녀에게
용기를 주기 위한
하얀 거짓말

: **바넘 효과** Barnum Effect :

바넘 효과는 사람들이 일반적이고 모호한 성격 묘사를 자기 자신에게 맞는 설명이라고 믿고 받아들이는 심리 현상이다.

자영업자들이 어려움을 겪고, 경제 전반이 불안정한 상황에서도 호황을 누리는 산업이 있다. 바로 점술이나 타로 등 '무속 산업'이다. 경기가 어려워지고 삶이 팍팍해질수록 사람들은 작은 위로를 얻기 위해 점집을 찾는다. 이는 단순한 유행을 넘어선 사회심리적 현상이다.

이 현상의 배경에는 여러 이유가 있겠지만, 가장 큰 원인은 미래에 대한 불확실감에서 비롯된 불안과 초조함일 것이다. 삶의 방향을 잃고 헤맬 때 사람들은 예언적인 메시지에서 작은 안정감을 찾는다. 게다가 "정말 잘 맞췄다", "용하다"는 입소문이 더해지면 점집의 인기는 자연스럽게 퍼져 나간다.

그렇다면 점술은 정말 정확할까?

물론 실제로 '능력 있는' 점술가가 있을 수도 있다. 그러나 심리학적으로 이러한 현상은 '바넘 효과Barnum Effect'로 설명할 수 있다. 바넘 효과란 누구에게나 적용될 수 있는 모호하고 일반적인 성격 묘사를, 마치 자신에게만 꼭 들어맞는 것처럼 받아들이는 심리 현상을 말한다. 바넘이란 명칭은 "누구에게나 통하는 무언가가 있다"는 말을 남긴 미국의 서커스 단장 P. T. 바넘에서 유래했으며, 1948년 심리학자 버트럼 포러Bertram Forer의 실험을 통해 학문적으로 확인되었다.

심리학자 포러는 학생들에게 성격검사를 실시한 뒤, 모든 학생에게 동일한 성격 분석 결과를 나누어 주었다. 놀랍게도 학생들은 자신의 분석 결과가 얼마나 잘 맞는지를 5점 만점으로 평가했을 때 평균 4.26점을 기록했다. 이는 대부분 학생들이 같은 문장을 자신만의 독특한 성격 묘사로 받아들였다는 의미다. 즉, 모호하면서도 긍정적인 성격 묘사는 실제보다 더 정확하게 느껴진다.

여기서 간단한 테스트를 해볼 수 있다. 다음 문장 중 자신에게 해당한다고 느껴지는 부분이 있는지 생각해 보면 된다.

- 당신은 겉으로는 자신감 있어 보이지만, 때때로 내면의 불안감과 의심을 느낍니다.
- 당신은 타인에게 인정받고 싶어 하면서도, 동시에 독립적이고 자신의 방식대로 살아가고 싶어 합니다.
- 당신은 공감 능력이 뛰어나고 다정하지만, 필요할 땐 단호하게 자신을 지킬 줄 압니다.
- 당신은 새로운 것을 배우는 것을 좋아하지만, 때때로 결정을 미루거나 스스로를 과소평가하곤 합니다.
- 당신은 남들이 쉽게 알아차리지 못하는 섬세한 부분까지 잘 관찰합니다.

많은 사람이 위 문장에서 자신과 일치하는 부분을 발견했을 것이다. 바로 이러한 이유 때문에 점성술, 성격 테스트, 운세 등에서 바넘 효과가 널리 활용된다. 점술에서의 바넘 효과는 '근거 없는 말로 사람을 현혹하는 방식'으로 사용되지만, 자녀 교육에서는 전혀 다른 방향으로 전환될 수 있다. 핵심은 모호한 칭찬이나 막연한 기대가 아니라, 아이의 가능성을 의도적으로 긍정 언어로 해석해 주는 부모의 태도다.

부모의 말은 아이에게 예언과도 같다. 아이는 부모의 시선을 통해 자신을 이해하고, 부모의 언어를 통해 '나는 어떤 사람인가'를 배워간다. 이때 부모가 아이의 행동을 부정적으로 규정하면, 아이는 그 틀 안에 자신을 가두게 된다. 반대로 같은 행동이라도 긍정적인 의미로 재해석해 전달하면, 아이는 그 기대에 맞추어 성장하려는 방향성을 갖게 된다.

예를 들어, 냉정하다고 생각된 아이에게는 "넌 얼핏 무뚝뚝해 보여도, 사실은 배려심이 깊은 아이야. 엄마는 네가 주변 사람들을 챙기는 따뜻한 마음을 갖고 있다는 걸 알고 있어"라고 말할 수 있다. 지구력이 부족한 아이에게는 "말로는 잘 표현하지 못하지만, 속에는 강한 책임감이 있어. 네가 맡은 일은 끝까지 잘 해낼 거라고 믿어"라고 말하면 된다. 산만한 아이에게는 "넌 호기심이 많고 탐구심이 강한 편이야"라고 말하면, 배려심과 지구력이 길러지고 산만함은 탐구력으로 바뀔 수 있다.

이처럼 부모의 긍정적인 피드백은 아이에게 "부모가 나를 세심하게 지켜보고 있다"는 믿음을 심어주며, 자아 정체성과 자존감을 형성하는 데 결정적인 역할을 한다. 이는 '자기충족적 예언Self-fulfilling Prophecy'과도 연결된다. 아이는 부모의 기대와 말을 따라 행동하려 하며, 결국 그러한 사람으로 성장하게 된다. 진심 어린 칭찬과 기대는 자녀의 자기효능감self-efficacy과 자존감self-esteem을 키우는 강력한 원동력이다. 바넘 효과를 지혜롭게 활용하면, 자녀의 미래를 긍정적으로 이끄는 데 도움이 될 수 있다.

9

감정이 불안정한
자녀에게 주는 팁!

∶ 제임스-랑게 이론 James-Lange Theory ∶

제임스-랑게 이론은 감정이 생기는 순서와 메커니즘에 대한 이론으로,
감정은 신체적 반응이 먼저 일어난 후에 인식된다는 이론이다.

"행복해서 웃는 게 아니라, 웃으니까 행복해졌다"
는 말이 있다. 처음 이 말을 들었을 때, 조금 이상하게 느껴질 수
도 있다. 우리가 일반적으로 생각하는 감정의 순서와 반대이기
때문이다. 하지만 곰곰이 생각해 보면, 억지로라도 웃어보면 기
분이 조금씩 나아지는 경험을 누구나 한 번쯤 해보았을 것이다.

이 말을 한 사람은 미국의 심리학자 윌리엄 제임스[William James]
다. 그는 인간이 감정을 느끼는 방식에 대해 다음과 같이 주장했

다. "우리는 슬퍼서 우는 것이 아니라, 울기 때문에 슬퍼지고, 무서워서 도망치는 것이 아니라, 도망치기 때문에 두려움을 느낀다." 즉, 감정보다 신체 반응이 먼저 일어난다는 것이다. 이러한 그의 주장은 거의 같은 시기에 유사한 이론을 발표한 덴마크의 심리학자 카를 랑게^{Carl Lange}의 견해와 결합되어, 오늘날 '제임스-랑게 이론^{James-Lange Theory}'으로 알려지게 되었다. 감정은 마음속에서 솟아오르는 것이 아니라, 몸의 반응을 인식하면서 발생한다는 것이다. 이를 뒷받침하는 흥미로운 실험도 있다. 1988년, 독일 심리학자 프리츠 슈트락^{Fritz Strack} 연구팀은 피험자들을 두 그룹으로 나누어 만화를 보여주는 실험을 진행했다.

- A그룹: 펜을 치아로 물어 자연스럽게 웃는 표정을 유도
- B그룹: 펜을 입술로 물어 찡그린 표정을 유도

그 결과, 웃는 표정을 지은 A그룹은 만화를 7.2점, 찡그린 표정을 지은 B그룹은 6점으로 평가했다. 같은 만화라도 신체 상태에 따라 느끼는 감정이 달라진다는 사실을 보여준 실험이다. 생각해 보면, 우리 몸은 정말 정직하다. 뱀을 보는 순간 심장이 뛰고 식은땀이 흐른 후 비로소 '무섭다'는 감정을 자각한다. 친구가 깜짝 선물을 건넸을 때도 얼굴에 미소가 번지며, 가슴이 따뜻해지고 '기쁘다'는 감정이 따라온다. 몸이 먼저 반응하고, 마음이 그 뒤를 따른다는 것이다. 이 통찰은 아이 양육에도 큰 도움이 된다.

몸이 기억하는 행복, 아이와 함께 느끼기

아이가 울거나 짜증을 낼 때, "왜 그래?"라고 묻기보다 이렇게 질문해보자. "지금, 몸이 어떤 느낌이야?"

아이들은 어른보다 자신의 감정을 언어로 표현하는 데 서툴지만, 몸의 감각은 훨씬 쉽게 느끼고 표현할 수 있다. 예를 들어, "화가 나면 얼굴이 뜨거워요", "슬프면 가슴이 답답해요", "무서우면 다리가 후들거려요"와 같이 말할 수 있다. 아이에게 몸을 관찰하고 표현하는 연습을 시키면 자신의 감정을 더 잘 이해하고 조절하는 법을 배울 수 있다. 이는 감정의 폭풍이 몰아치기 전에 몸이 보내는 신호를 먼저 알아차리게 하는 과정이기도 하다.

부모는 아이가 화날 때 함께 깊게 숨을 쉬고, 불안을 느낄 때는 손을 꼭 쥐었다가 천천히 펴는 동작을 같이 해보면 된다. 신기하게도 몸이 진정되면 마음도 차분해진다. 우울할 때는 억지로 웃는 표정을 지어보게 해도 좋다. 처음에는 어색하지만 몸이 기억하는 '행복의 감각'이 실제 기분까지 끌어올리는 효과가 있다.

물론 이 방법만으로 모든 감정 문제가 해결되지는 않는다. 하지만 분명한 사실은 몸과 마음은 긴밀히 연결되어 있으며, 때로는 마음보다 몸이 먼저 신호를 보낸다는 것이다. 그러니 아이에게 "기분이 어때?"라고 묻기 전에 이렇게 물어보면 된다. "지금, 몸이 어떻게 느껴져?" 그 작은 질문 하나가 아이가 자신을 이해하고 돌보는 법을 배우는 첫걸음이 될 수 있다.

제임스-랑게 이론이 말하듯, 감정은 머리에서 먼저 생기는 것이 아니라, 몸의 반응을 인식하는 과정에서 생겨난다. 부모가 아이와 함께 몸의 신호를 관찰하고 표현하는 시간을 갖는 것은 단순히 감정을 이해하는 것을 넘어, 아이 스스로 자신의 내적 경험을 인식하고 조절할 수 있는 능력을 키우는 일이 된다. 결국 몸과 마음은 하나로 연결되어 있으므로 아이에게 "지금 몸이 어떻게 느껴?"라고 물어보는 작은 습관이 감정을 인식하고 건강하게 다루는 힘을 길러주는 첫걸음이 된다. 이렇게 몸과 마음을 함께 돌보는 경험 속에서, 아이는 스스로 행복과 안정감을 만들어 가는 법을 배울 수 있다.

세계 전쟁보다
더 무서운 세대 전이

： **관찰 학습이론** Social Learning Theory ：

관찰 학습이론은 직접적인 경험이나 강화 없이도 다른 사람의 행동을 관찰하고 모방함으로 학습할 수 있다는 이론이다.

1950~60년대 심리학계에서는 행동주의Behaviorism가 주류였다. 즉, "학습은 자극과 반응, 그리고 강화의 결과로만 일어난다"는 입장이 지배적이었다. 그러나 알버트 반두라Albert Bandura는 여기에 의문을 제기했다. 사람은 꼭 직접 보상이나 처벌을 받지 않더라도, 다른 사람의 행동과 그 결과를 관찰함으로써 학습할 수 있다는 것이다.

그는 이를 확인하기 위해 유명한 '보보 인형Bobo Doll' 실험을 진행했다. 3~6세 사이 유아 72명을 세 집단으로 나누어 실험을 진행했다. A집단 아이들에게는 성인 모델이 보보 인형을 때리고, 주먹질하며, 막대기로 치고, 공격적인 언어를 사용하는 모습을 관찰하게 했다. B집단 아이들에게는 성인 모델이 인형과 평화롭게 놀거나 아무런 행동도 하지 않는 장면을 관찰하게 했다. 마지막 C집단 아이들에게는 모델 관찰 없이 놀이를 하도록 했다. 이후 아이들을 놀이방으로 옮겨 다양한 장난감을 제공한 뒤, 잠시 후 선호하는 장난감을 빼앗아 좌절감을 유발했다.

그 결과는 놀라웠다. 공격적 모델을 본 A집단 아이들은 인형을 때리고 발로 차며, 심지어 모델의 욕설까지 그대로 모방했다. 반면, 비공격적 모델을 본 B집단과 모델이 없는 C집단은 공격적 행동이 거의 나타나지 않았다. 특히 동성同性 모델을 관찰했을 때 모방률이 더 높았는데, 남자아이는 남성 모델을, 여자아이는 여성 모델을 더 잘 따라 했다.

이 실험을 통해 반두라는 타인의 행동을 관찰하는 것만으로도 학습이 이루어진다는 사실을 입증했고, 이는 이후 관찰 학습 이론Social Learning Theory의 기초가 되었다.

말보다 행동으로 배우는 아이들, 부모가 모델이다

여기서 부모가 꼭 기억해야 할 점이 있다. "아이들은 말보다 행동을 모방한다. 따라서 부모와 교사는 아이들이 보고 배우는 모범적 모델이 되어야 한다"는 것이다. 텔레비전 광고가 반복적으로 우리의 소비를 유도하듯, 엄마와 아빠는 아이에게 24시간 내내 켜져 있는 광고와 같다. 아이들은 부모의 표정을 보고 감정을 배우고, 결국 행동까지 따라 한다.

실제로 여러 연구에서 친정어머니와 본인, 그리고 자녀의 애착 유형이 일치한다는 결과가 보고되었다. 아무리 "나는 엄마처럼 되지 말아야지"라고 다짐해도, 결국 자녀는 어느새 자신의 어머니를 닮은 부모가 되어 있는 자신을 발견하게 된다. 이는 단순한 '영향'이 아니라 심리적 대물림Intergenerational Transmission이다. 자녀는 직접 경험하지 못한 할아버지의 성향조차 아버지를 통해 이어받을 수 있다. 이렇듯 보상이 없어도 경험을 통해 학습할 수 있는 잠재학습latent learning 개념은 세대 간 학습의 무의식적 전이를 설명해 준다.

엄마가 영유아기나 성장기 시절 경험한 따뜻한 감정과 상처, 가치관은 의식적이든 무의식적이든 현재 양육 태도에 영향을 미치고, 결국 다음 세대로 전달된다. 이것이 바로 '대물림'이다. 따라서 부모가 되는 순간이 곧 부모 교육이 필요한 시기이기도 하다. 부모 교육은 단순히 지식을 얻는 과정이 아니라, "좋은 부모가 되고자 하는 마음가짐"을 다듬는 과정이다.

요즘처럼 정보가 무한히 쏟아지는 시대에는 지식보다 태도와 의식의 변화가 훨씬 중요하다. 왜냐하면, 좋은 부모가 되고자 노력하는 그 마음조차 아이에게 대물림되기 때문이다. 그래서 필자는 부모 교육 현장에서 만나는 모든 부모에게 교육에 참여한 자체를 칭찬하며 진심 어린 격려를 전한다. 강의를 마칠 때면, 한 자녀가 쓴 시를 함께 나누며, 부모가 가진 마음가짐과 태도가 얼마나 큰 영향을 미치는지 강조하곤 한다.

– 작자 미상

내가 보고 있지 않다고 생각하셨을 때,
난 당신이 내가 그린 최초의 그림을 냉장고에 붙여 놓는 걸 보았어요.
그래서 난 또 다른 그림을 그리고 싶었어요.

내가 보고 있지 않다고 생각하셨을 때,
난 당신이 주인 없는 개를 보살펴 주는 걸 보았어요.
그래서 난 동물들을 잘 대해 주는 것이 좋은 일이란 걸 알았어요.

내가 보고 있지 않다고 생각하셨을 때,
난 당신이 기도하는 소리를 들었어요.
그래서 난 신이 존재하며,
언제나 신과 대화할 수 있다는 걸 알았어요.

내가 보고 있지 않다고 생각하셨을 때,

난 당신이 잠들어 있는 내게 입 맞추는 걸 보았어요.

난 내가 사랑받고 있다는 걸 알았어요.

내가 보고 있지 않다고 생각하셨을 때,

당신의 눈에서 눈물이 흐르는 걸 보았어요.

그래서 난 때로는 인생이라는 것이 힘들며,

우는 것이 나쁜 일이 아님을 알았어요.

내가 보고 있지 않다고 생각하셨을 때,

난 당신이 날 염려하고 있는 걸 보았어요.

그래서 난 내가 원하는 모든 걸 꼭 이루고 싶어졌어요.

내가 보고 있지 않다고 당신이 생각하셨을 때,

난 보고 있었어요.

그래서 내가 보고 있지 않다고 생각하셨을 때,

내가 본 모든 것들에 대해 감사드리고 싶었어요.

(11)

오늘 선택한
행동 하나가
중요한 이유

: **인지 부조화** Cognitive Dissonance :
인지 부조화란 사람이 자신의 신념·가치·생각과 실제 행동이 서로 충돌할 때 느끼는 심리적 불편함이나 긴장 상태를 말한다.

우리는 종종 마음속에서 작은 갈등을 경험한다. "이건 맞고, 저건 맞지 않는데……"라는 생각이 서로 부딪히며 불편해지는 순간이 있다. 심리학에서는 이를 인지 부조화Cognitive Dissonance라고 부른다. 자신의 태도, 믿음, 행동이 서로 모순될 때 느끼는 심리적 불편감이 바로 그것이다.

예를 들어, 건강을 중요하게 생각하면서도 담배를 피우거나, 정직을 중시하면서 거짓말을 한 경우를 생각해 보자. 이때 마음속에서 느끼는 찜찜하고 불편한 감정이 바로 인지 부조화다. 인간은 기본적으로 자기 일관성을 유지하고 싶어 한다. 생각과 행동이 조화를 이루어야 마음이 편안해지기 때문이다. 하지만 현실에서는 우리의 행동이 가치관이나 신념과 어긋나면서 심리적 긴장이 생기고, 우리는 이를 해소하려 노력하게 된다.

담배를 끊지 못하는 사람은 스스로 "담배를 참을 때 스트레스가 담배 피울 때보다 더 건강에 치명적이다"라고 합리화하고, 헌금을 많이 하는 종교인은 자신이 신앙심 깊은 사람이라고 느끼며, 불우이웃 돕기 성금을 낸 사람은 자신의 휴머니즘을 더욱 확고히 여기게 된다. 이렇게 행동과 신념이 서로 영향을 주며 마음속 불편감을 줄이는 과정이 바로 인지 부조화 현상이다.

인지 부소화를 보여주는 유명한 실험이 있나. 레온 페스팅거Leon Festinger의 연구(1957)에서 대학생들을 두 그룹으로 나누어 단순 반복 작업을 시킨 뒤, 한 그룹에는 1달러, 다른 그룹에는 20달러를 지급했다. 흥미로운 점은, 20달러를 받은 그룹은 "재미없었다"고 솔직히 말했지만, 1달러를 받은 그룹은 오히려 "재미있었다" 혹은 "의미 있었다"고 평가했다는 것이다. 보상이 너무 적어 인지 부조화가 발생하자, 학생들은 스스로 경험을 '재미있다'고 재해석한 것이다.

하지만 인지 부조화는 때때로 무서운 결과를 가져오기도 한다. 이미 저지른 행동을 돌이킬 수 없거나 큰 시간, 노력, 재산이 투자되었을 때, 사람들은 자신의 신념을 바꾸어 행동을 정당화한다. 이 과정에서 확증 편향이 나타나기도 한다. 확증 편향이란 자신의 신념에 맞는 정보만 선택적으로 받아들이는 심리적 오류를 의미한다. 쉽게 말해, "뭐 눈에는 뭐만 보인다"는 현상이다.

현실에서도 충격적인 사례가 있다. 2015년 경기도 부천에서 발생한 부천 여중생 학대 살인사건이다. 당시 13세였던 중학생 딸이 아버지와 계모의 폭행으로 사망했고, 시신은 약 1년 동안 방 안에 방치되었다. 더욱 놀라운 점은 가해자인 아버지가 목회자이자 신학대학교 교수였다는 사실이다.

처음에는 자신의 행동(자녀를 때린 행동)과 "나는 목사이자 교수다"라는 신념 사이에서 심리적 갈등을 느꼈을 가능성이 있다. 즉, 행동과 신념의 불일치로 인한 인지 부조화를 경험했을 수 있다. 그러나 시간이 지나면서 이러한 갈등은 확증 편향으로 이어졌을 것이다. 아버지는 "너는 이렇게 할 수밖에 없는 아이"라는 자신의 신념을 지지하는 정보만 선택적으로 받아들이고, 행동을 정당화했을 수 있다. 같은 집안의 다른 자녀에게는 매우 자애로웠다는 사실은, 그가 선택적으로 정보를 해석했음을 보여준다.

작은 행동이 만드는 큰 변화: 피라미드 커닝 효과

부천 여중생 학대 사망 사건 사례에서 알 수 있듯이, 작은 행동 하나가 큰 변화를 이끌 수 있다. 심리학에서는 이를 '피라미드 커닝 효과Pyramid Cuning Effect'라고 부른다. 피라미드 꼭짓점에서 돌멩이를 떨어뜨렸을 때 작은 각도 차이만 있어도 밑변에서 도달하는 위치가 크게 달라지는 것처럼, 작은 행동이 쌓여 삶의 방향과 가치관을 크게 바꿀 수 있다는 의미다.

예를 들어 꾸준히 봉사활동을 하는 학생은 단순한 활동을 넘어 '나눔의 삶'이라는 가치를 내면화하게 되고, 매일 운동하는 학생은 자연스럽게 건강의 중요성을 체득하게 된다. 긍정적 행동이 긍정적 결과를 강화하는 선순환이 형성되는 것이다. 반대로 도박이나 비행 행동을 접하고 이를 스스로 합리화하며 지지하는 정보만 받아들인다면, 부정적 행동이 강화되는 악순환이 만들어진다.

이 때문에 필자는 생활기록부에서 봉사활동 가산점을 주는 제도를 긍정적으로 본다. 설사 자발적이지 않더라도, 한 번의 작은 경험이 아이들에게 행동의 씨앗이 되고, 그 씨앗은 성장하면서 삶의 가치와 신념을 형성하는 밑거름이 될 수 있기 때문이다. 작은 행동 하나가 마음속 큰 변화를 만든다는 사실, 이것이 바로 인지 부조화와 피라미드 커닝 효과가 우리에게 알려주는 중요한 교훈이다.

12

부모의 말 한마디가
기준이 될 때

앵커링 효과 Anchoring Effect

앵커링 효과란 처음 제시된 정보가 이후 판단과 선택에 영향을 주는 현상이다.

할인 매장을 둘러보면, '정가 대비 할인가'라는 두 개의 숫자가 나란히 붙은 가격표를 쉽게 발견할 수 있다. 이는 단순한 정보 제공을 넘어, 소비자에게 높은 정가를 기준점으로 각인시키려는 전략적 제시 방법이다. 예를 들어 정가 50,000원 옆에 29,900원이 표기되는 순간, 사람들은 자연스럽게 "원래는 5만 원이지만 지금은 훨씬 저렴하다"라는 판단을 내리며 구매를 실행하게 된다.

인간은 최소한의 에너지로 최대의 이득을 얻고자 하는 성향을 지니고 있기에, 이러한 비교 구조는 매우 강력한 효과를 발휘한다. 심리학에서는 이를 앵커링 효과Anchoring Effect라고 부르며, 처음 제시된 정보가 이후 판단과 선택에 큰 영향을 미치는 현상을 의미한다. 마치 닻(앵커)을 내린 배가 밧줄 길이만큼만 움직일 수 있는 것처럼, 우리의 사고도 처음 만난 기준에 묶여 좁은 범위를 맴돌게 된다.

행동경제학의 두 거장, 다니엘 카너먼Daniel Kahneman과 아모스 트버스키Amos Tversky는 이 원리가 인간의 인지 구조에 깊이 뿌리내려 있음을 실험을 통해 보여주었다. 참가자들은 1부터 100까지 숫자가 적힌 룰렛을 돌린 뒤, "유엔 회원국 중 아프리카 국가의 비율은 얼마나 되는가"를 추정하게 했다. 흥미로운 점은, 정보가 거의 없는 상황에서도 사람들은 룰렛에서 무작위로 나온 숫자에 사고를 고정하여 그 주변 값으로 답변했다는 사실이다. 첫 정보가 판단의 닻이 되어 이후 추론의 폭을 제한한 것이다.

이러한 메커니즘은 우리의 일상 전반에도 깊숙이 스며들어 있다. 몸무게, 학점, 연봉, 재산 규모, 토익 점수, 나이까지도 어느새 삶의 '기준점'이 되어 버린다. 우리는 그 기준에 미치지 못하면 부족함을 느끼고, 기준을 넘어야 안정감을 느끼는 데 익숙하다. 그러나 사람마다 재능과 추구하는 행복의 방식은 다르다. 남이 정한 평균값에 자신을 맞추려는 노력은 때로 본래 가능성을 왜곡하는 일이 될 수 있다. 돌아봐야 할 기준은 외부의 숫자가 아니라 내면의 목소리다.

자녀에게 미치는 기준점의 힘

이 관점은 자녀 교육에서도 동일하게 적용된다. 앵커링 효과는 인간의 판단을 좌우하는 심리적 기제이기에, 부모가 아이에게 처음 제시하는 말, 숫자, 규범, 기대는 아이의 사고와 정체성, 행동의 기초 구조로 스며든다. 예를 들어, "너는 집중력이 좋은 아이야. 오늘 숙제는 15분이면 충분할 거야", "너는 친구들에게 늘 따뜻하게 대하려 하지? 오늘도 잘할 수 있을 거야"와 같은 말은 아이에게 긍정적 자기 이미지라는 기준점을 심어 준다.

목표 설정에서도 첫 숫자는 결정적인 의미를 가진다. "오늘은 책 20쪽만 읽자", "영어 단어는 하루 10분만 보자"와 같은 말은 실현 가능한 앵커를 제공하여 지속성을 높인다. 반대로, "100점은 당연한 거야", "평균 이상은 해야 해"와 같은 과도하게 높은 기준은 아이를 스스로의 실패에 취약하게 만들 수 있다. 칭찬의 첫 문장 역시 중요하다. "그 정도는 누구나 해"는 낮은 기준이다. "너라면 당연히 해야지"는 억압적 기준이다. 반대로, "네가 만들어 낸 이 시작은 정말 소중하다", "오늘의 노력은 앞으로의 성장 기준을 높여 줄 거야"와 같은 말은 아이에게 자기효능감이라는 건강한 앵커를 제공한다.

부모가 들려주는 이야기와 가정의 규범 또한 아이의 정체성을 형성하는 강력한 기준점으로 작동한다. "실패는 과정이다", "우리 가족은 노력의 가치를 믿는다", "너는 배려하는 사람이야"라는 메시지는 아이의 행동과 사고의 방향을 정교하게 잡아 준다.

문제행동을 고칠 때에도, "하지 마!"라는 무의미한 금지보다는 "지금 말투를 조금 더 부드럽게 해보자", "화가 날 때는 10초만 멈춘 뒤 말하는 것을 기준으로 해보자"와 같이 구체적 대체 기준을 제시하는 것이 훨씬 효과적이다. 반대로, "넌 원래 산만해", "너는 성격이 급하잖아"와 같은 부정적 라벨은 아이의 가능성을 협소하게 만들고, 스스로 그 틀에 갇히게 하므로 피하는 것이 좋다.

결국, 부모가 처음 제시하는 말, 숫자, 기대, 가치는 아이 인생의 앵커가 된다. 그 기준이 어디에 놓이느냐에 따라 아이가 바라보는 세계의 형태도 달라진다. 자녀 교육에서 가장 중요한 것은 긍정적이며 실현 가능하고, 일관된 기준점을 세워 주는 것이다. 제대로 된 앵커 하나는 아이의 성장 방향을 바꾸고, 상기적으로는 그 아이의 세계관과 삶의 태도까지 단단하게 지지한다.

13

공부는
IQ로 할까,
EQ로 할까?

정서 지능 Emotional Quotient

정서 지능이란 정서를 얼마나 잘 다루는가에 관한 능력을 뜻한다.

어릴 적, 눈앞에 달콤한 마시멜로 하나가 놓여 있다면 어떻게 했을까? 바로 먹어버렸을까, 아니면 잠시 참았다가 두 개를 받는 선택을 했을까?

1960~70년대 미국 스탠퍼드대학의 심리학자 월터 미셸은 아이들의 이러한 선택을 관찰하였다. 실험 방법은 매우 단순하였다. 4~6세 아이 앞에 마시멜로 하나를 놓고, 잠시 기다리면 두 개를 주겠다고 안내하는 것이었다. 대부분 아이는 참지 못하고

바로 하나를 먹어버렸지만, 일부 아이들은 고통을 참으며 기다렸다. 그 짧은 기다림 속에서 드러나는 것이 바로 욕구 지연 만족 능력, 즉 자기조절 능력이다. 이 능력은 단순히 아이들의 인내심만을 보여주는 것이 아니다. 시간이 흘러 이 아이들이 대학에 들어갈 나이가 되었을 때, 자기조절 능력이 뛰어난 아이들은 더 높은 학업 성취를 이루고, 우수한 학교에 입학한 것으로 나타났다.

이를 통해 알 수 있는 점은, 공부는 IQ만으로 결정되지 않는다는 사실이다. 물론 지적 능력도 필요하지만, 자신을 다스리는 힘, 감정을 조절하고 목표를 향해 꾸준히 나아가는 힘이 결국 더 중요한 열쇠이다. 흔히 '공부는 엉덩이로 한다'라는 말이 있는데, 바로 이 '조절하는 힘'을 말한다.

• 정서 지능EQ과 다섯 가지 핵심 능력

첫째 자기인식 능력Self-awareness : 자신의 감정을 알아차리는 능력

둘째 정서 표현 능력Social skills : 감정을 바르게 표현하는 능력

셋째 정서 조절 능력Self-regulation : 감정을 합리적으로 다스리는 능력

넷째 공감 능력Empathy : 타인의 마음을 이해하는 능력

다섯째 정서 활용 능력Motivation : 목표를 향해 흔들림 없이 나아가는 능력

이 다섯 가지 능력은 단순히 공부를 잘하기 위한 요소에 그치지 않는다. 성공적인 대인관계를 형성하고, 사회적 상황에서 자신을 조절하며 원만하게 소통하는 데에도 반드시 필요한 능력이다. IQ는 주로 선천적인 특성으로 인식되지만, EQ는 훈련과

다양한 경험을 통해 충분히 향상될 수 있다. 따라서 부모는 자녀의 정서 지능을 키우는 가장 중요한 지원자이다.

가정에서 자녀의 EQ를 높이는 지도법

1) 자기인식 능력

자기인식 능력이란 자신의 감정을 정확하게 인식하고 이해하는 능력이다. 이를 향상시키는 방법으로는 감정 일기 쓰기가 있다. 하루에 한 번, 자신이 어떤 상황에서 어떤 감정을 느꼈는지를 기록하도록 하면 감정을 보다 객관적으로 바라보고 깊이 이해하는 데 도움이 된다. 또한 '감정에 이름표 붙이기' 활동도 효과적이다. 이는 다양한 감정 단어를 제시하고, 자신이 어떤 상황에서 해당 감정을 느끼는지 표현해 봄으로써 감정 어휘를 익히고 감정 인식을 확장하는 과정이다.

2) 정서 조절 능력

정서 조절 능력은 감정이 행동을 압도하지 않도록 스스로 관리하는 힘이다. 정서 조절능력 향상 방법으로는 다음과 같은 연습이 있다.

· 감정이 치밀어 오를 때 즉시 반응하지 않고 10초간 멈춘다.

· 4초 들이마시고 8초 내쉬는 호흡법을 활용한다.

· 화나는 상황에서는 잠시 자리를 떠난다.

· 같은 상황을 긍정적으로 다시 해석한다.

이 연습을 반복하면 갈등 상황에서도 흔들리지 않고 안정적으로 대응할 수 있다.

3) 공감 능력

공감 능력은 타인의 입장을 이해하고 그 감정에 반응하는 능력이다. 공감 능력 향상 방법으로는 동화책 활용이 효과적이다. 책을 읽으면서 등장인물의 입장에서 생각하게 하고, "이 사람은 왜 저럴까?", "백설공주는 어떤 마음이었을까?"와 같은 질문을 던진다. 소통 시에는 상대의 표정, 말투, 속도 등 비언어적 신호가 어땠을지를 함께 관찰하고 묻는다.

4) 정서 표현 능력

정서 표현 능력은 자신의 감정을 효과적으로 전달하는 능력이다. 정서 표현 능력을 향상시키는 방법으로는 부정적인 감정이 들었을 때는 아이 메시지$^{\text{I-message}}$를 사용하도록 지도한다. 예를 들자면 "너 때문에 기분 나빠" 대신, "나는 ~~해서 속상했어"라고 자신의 감정을 주어로 표현하도록 한다. 가장 좋은 방법은 부모가 일상에서 모범을 보이면 자녀에게 큰 학습 효과를 줄 수 있다.

5) 정서 활용 능력

정서 활용 능력은 목표를 지속하고 감정에 흔들리지 않으며 행동하는 힘, 즉 몰입 능력이다.

· 자녀가 스스로 달성 가능한 작은 목표를 세우도록 지도한다.

· 하루 10분씩 꾸준히 실천하도록 돕는다.

· 작은 성취마다 소소한 보상을 제공하여 동기를 부여한다.

EQ가 삶에 미치는 영향

이 다섯 가지 영역의 능력을 가정에서 꾸준히 지도한다면 자녀의 EQ는 자연스럽게 향상될 수 있다. 이러한 능력들은 학업 성취를 넘어 삶 전반을 더욱 풍요롭게 만드는 핵심 요소다. 인간은 겉으로는 이성적인 존재처럼 보이지만, 실제로는 감정에 크게 영향을 받는 존재이기도 하다. 일상 속에서도 논리적인 표현보다 감성에 호소하는 말이 사람의 행동을 더 긍정적인 방향으로 이끈다는 사실을 쉽게 확인할 수 있다. 예를 들어 "쓰레기 버리지 마세요"라는 문구보다 "아름다운 사람은 머문 자리도 아름답게"라는 표현이 더 큰 공감을 불러일으키고 행동 변화를 유도한다.

이러한 EQ의 힘은 직장에서도 분명하게 드러난다. EQ가 높은 리더는 성과가 부족한 직원에게 단순히 숫자와 결과를 지적하기보다 "요즘 많이 지쳐 보이네요. 어떤 점이 가장 힘든가요?”라고 먼저 묻는다. 이는 직원의 마음을 이해하려는 태도이며, 신뢰와 동기를 회복하는 출발점이 된다. 가정에서도 마찬가지다. 부부 갈등 상황에서 EQ가 높은 배우자는 누가 옳은지를 따지기보다 “당신의 말이 왜 그렇게 느껴졌는지 이해하고 싶어”라고 표현한다. 이 순간 갈등은 다툼이 아니라 서로를 이해하는 소통의 기회로 바뀐다.

교실에서도 EQ가 높은 교사는 수업 중 떠드는 학생에게 “조용히 해!”라고 제지하기보다 “네 이야기를 듣고 싶지만, 지금은 수업에 집중해야 할 시간이야”라고 말한다. 이러한 말 한마디는 학생에게 존중받고 있다는 느낌을 주며 스스로 행동을 조절하도록 돕는다. 감정을 고려한 언어는 강요보다 훨씬 깊은 행동 변화를 이끌어낸다. 이처럼 자신의 감정을 인식하고, 타인의 감정을 존중하며 적절히 표현하는 능력이 바로 EQ의 핵심이다. 따라서 EQ는 단순히 학업을 위한 능력이 아니라, 건강한 사회적 관계와 성숙한 삶을 가능하게 하는 필수적인 역량이라 할 수 있다.

청소년기 자녀를 둔 부모의 역할

청소년기 부모의 핵심 역할은 독립을 준비하는 아이를 존중하면서,
감정·관계·학업·안전의 영역에서 안정적인 지지자가 되어주는 것이다.
잘 통제하는 부모가 아니라, 신뢰할 수 있고 대화가 가능한 부모가
되는 것이 가장 중요하다.

(1)

사춘기,
정체성을
찾아가는 여정

: 심리 사회적 발달 8단계 :

심리 사회적 발달 이론은 인간의 발달은 단순히 유아기나 청소년기에 그치지 않고, 평생을 통해 이루어진다고 보며, 각 시기에 극복해야 할 주요 심리 사회적 과제가 있다는 이론이다.

정신분석학자 에릭 에릭슨Erik Erikson(1902~1994)은 독일에서 태어났다. 그의 본명은 에릭 솔로몬센Erik Salomonsen으로, 미혼모였던 어머니의 성을 따라 성장하다가 어머니의 재혼 이후 양아버지의 성을 따라 에릭 햄버거Erik Hamburger로 개명하였다. 이후 심리학자로서 독립적인 정체성을 확립해 가는 과정에서 스스로 에릭 에릭슨Erik Erikson이라는 이름을 선택하였다. 이처럼 에릭슨의 삶은 정체성을 탐색해 가는 연속적인 과정이었으며, 이러한 개인적 경험은 훗날 인간의 전 생애에 걸친 심리 사회적 발달 이론을 정립하는 중요한 배경이 되었다.

자녀 성장에 맞춘 부모 역할

에릭슨은 인간의 삶을 여덟 단계로 구분하고, 단계마다 반드시 해결해야 할 심리 사회적 과제가 존재한다고 보았다. 이러한 과업을 성공적으로 수행할 경우 건강한 성격이 형성되지만, 그렇지 못할 경우 부정적인 성향이 자리 잡을 수 있다. 각 발달 단계에서 요구되는 부모의 역할을 중심으로 정리하면 다음과 같다.

- **1단계: 신뢰감 vs 불신감(출생~2세)**

  심리 과업: 세상은 믿을 만한 곳이라는 신뢰 형성

  부모 역할: 보육자

  실천 포인트: 기저귀를 갈아주고, 배고프면 먹이며, 아기를 보호하고 따뜻하게 감싸기

  교육 메시지: 일관된 사랑과 보살핌이 아이에게 세상을 신뢰할 수 있는 기초를 만들기

- **2단계: 자율성 vs 수치심/의심(2~4세)**

  심리 과업: 스스로 해볼 수 있다는 자율성

  부모 역할: 양육자

  실천 포인트: 아이의 시도를 격려하고, 실패를 수용하며 "너도 할 수 있어"라고 믿음을 주기

  교육 메시지: 자율성을 존중하면 아이는 자신감과 자기효능감을 형성

- **3단계: 주도성 vs 죄책감(4~6세)**

  심리 과업: 계획을 세우고 실행하는 주도성

  부모 역할: 훈육자

  실천 포인트: 규칙과 경계를 명확히 알려주되, 지나친 억압이나 비난은 피하기

  교육 메시지: 아이가 스스로 선택하고 책임지는 경험을 통해 주도성 획득

- **4단계: 근면성 vs 열등감(6~12세)**

  심리 과업: 학습과 과제를 통해 성취감을 경험

부모 역할: 격려자

실천 포인트: 노력과 성취를 칭찬하고 실패 후 다시 도전할 수 있도록 지지

교육 메시지: 부모의 격려가 아이의 회복 탄력성과 자기주도성 향상

• 5단계: 자아 정체감 vs 역할 혼미(청소년기)

심리 과업: "나는 누구인가"에 대한 답 찾기

부모 역할: 상담자

실천 포인트: 관심은 갖되 간섭하지 않고, "언제든 도울 준비가 되어 있다"는
메시지 전하기

교육 메시지: 사춘기 자녀는 독립적 정체성을 확립하는 시기이므로, 부모는
믿을 수 있는 안내자로서 기다림과 신뢰가 필요함

이처럼 부모의 역할은 자녀의 성장 단계에 따라 변화해야
한다. 영아기에는 보육자의 역할을 수행하고, 성장함에 따라 양
육자, 훈육자, 격려자, 상담자로 그 역할을 점차 확장하고 전환해
야 한다. 그러나 이러한 역할의 변화는 결코 쉽지 않다. 많은 부
모가 자녀가 성장하여 성인이 되어 가는 과정에서도 여전히 어
린 시절처럼 모든 것을 대신 해주려 하거나, 반대로 지나치게 이
른 시기에 독립을 강요하기도 한다. 에릭슨의 이론은 각 발달 시
기에 적절한 거리와 양육 방식을 모색하는 데 중요한 통찰을 제
공한다.

특히 에릭슨이 자신의 이름을 세 차례나 바꾸며 끊임없이
탐색하고자 했던 질문은 결국 '나는 누구인가'라는 정체성의 문

제였다. 사춘기 자녀가 반드시 획득해야 할 중요한 인생 과업 또한 바로 이 정체성identity이다. 그러나 정체성은 부모의 보호에서 벗어나 친구들과의 관계 속에서 얻는 다양한 경험, 그리고 그 과정에서 마주하는 도전과 좌절을 통해 비로소 형성된다. 이러한 이유로 사춘기 시기의 친구는 아이에게 매우 특별한 존재가 된다.

따라서 자녀가 더 이상 부모의 말보다 친구의 말에 더 큰 비중을 두고, 부모와 보내는 시간보다 친구와의 약속을 우선시하더라도 서운해하기보다는 그만큼 아이가 건강하게 성장하고 있음을 기억해 주었으면 한다. 그런 점에서 에릭슨의 이론은 정체성을 형성해 가는 과정에 놓인 사춘기 자녀를 둔 부모에게, 이 시기에 어떤 역할이 요구되는지를 일깨워 주는 소중한 나침반이 된다.

(2)

완벽하려고 하는
자녀에게 알려주는 팁!

：**실수 효과** Pratfail Effect ：

실수 효과란 상대의 실수나 결함이 오히려 호감도를 높이는 경향을 말한다.

 ## 불완전함이 주는 매력

『선을 긋는 일본인, 선을 넘는 한국인』의 저자이자 「세바시」와 「어쩌다 어른」 등 다양한 방송에 출연한 문화심리학자 한민 교수는 필자의 오랜 심리학 스승이다. 교수의 TV 방송을 직접 방청하고, 출간한 저서를 빠짐없이 읽을 만큼 필자는 스스로를 한 교수의 '찐팬'이라 자처한다.

한민 교수님과의 인연은 약 15년 전 문화심리학 강의실에서 시작되었다. 첫 강의 시간, 교수님은 예상과는 다른 방식으로 자신을 소개하였다. 교수님은 발달장애가 있는 동생이 있으며, 부모가 동생을 돌보느라 바쁜 환경 속에서 주로 할머니와 고모 할머니의 손에 자랐다는 개인적인 이야기를 담담하게 전했다.

교수님은 자신의 성장 환경과 가족사를 솔직하게 풀어내며, 그러한 경험이 자신을 자연스럽게 책과 역사로 이끌었고, 결국 오늘날의 문화심리학자로 성장하게 한 계기가 되었다고 설명하였다. 국내 최상위권 대학을 졸업하고 해외 유학까지 마친 교수가 자신의 결핍을 숨김없이 드러내는 순간, 필자는 호감도가 극적으로 높아지는 경험을 하게 되었다. 이러한 현상은 심리학에서 '실수 효과Pratfall Effect'라고 부른다. 실수 효과란, 완벽해 보이는 사람이 자신의 작은 결함이나 실수를 드러낼 때 오히려 더 큰 호감을 느끼게 되는 심리 현상을 의미한다.

하버드대학교의 엘리엇 애런슨Elliot Aronson 교수는 다음과 같은 실험을 진행하였다. 실험 참가자를 두 집단으로 나누어, 한 집단에게는 퀴즈를 완벽하게 맞추는 배우의 모습을 담은 영상을 보여주었고, 다른 집단에게는 배우가 퀴즈를 맞춘 뒤 자리에서 일어나며 실수로 커피를 쏟고 당황하는 장면까지 포함된 영상을 보여주었다.

연구 결과, 실수를 보지 못한 집단보다 실수하는 모습까지 본 집단이 해당 배우에게 더 큰 호감을 느끼는 것으로 나타났다. 이는 인간이 완벽함 자체보다도 인간적인 약점과 실수에 더 끌리는 성향을 지니고 있음을 보여준다.

실수 효과의 실제 사례

유명한 영화배우 알 파치노가 「여인의 향기」로 아카데미 남우 주연상을 수상했을 당시의 일이다. 오랜 공백기와 슬럼프를 딛고 다시 정상에 선 그는 수상대에 오르자마자 눈가에 눈물을 머금었다. 잠시 후 주머니에서 꼬깃꼬깃한 쪽지를 꺼내어 떨리는 목소리로 수상 소감을 읽기 시작했다. 다소 어눌한 그의 행동과 목소리에 관중들은 기립박수로 화답하며 뜨거운 환호를 보냈다. 이는 뛰어난 연기력으로 인정받은 대배우가 시상식에서 말 한마디를 제대로 잇지 못할 정도로 긴장한 모습이 실망감이 아니라 오히려 애잔함과 인간적인 매력으로 다가왔기 때문이다. 이 장면은 실수 효과를 보여주는 감동적인 사례라 할 수 있다.

이러한 현상은 제품 디자인에서도 나타난다. 반듯하게 포장된 과자보다 다소 성의 없이 포장된 것처럼 보이는 과자가 66%의 높은 선호도를 보였다는 실험 결과나, 이란의 양탄자 명인들이 의도적으로 남기는 '페르시아의 흠'이 오히려 작품 가치를 높이는 현상이 그 대표적인 예다. 이와 같은 실수 효과는 상대적으로 우위에 있는 사람이 자신의 결함을 인정하거나 실수를 솔직하게 드러낼 때 더욱 강하게 작용한다. 이때 전달되는 진정성은 신뢰와 호감을 배가시키는 역할을 한다. 이러한 심리적 메커니즘은 대중 연설이나 강연 현장에서도 효과적으로 활용되고 있다.

대한민국을 대표하는 강연자인 김창옥 강사와 김미경 강사는 이 실수 효과를 적절히 활용하여 청중의 깊은 공감과 신뢰를 이끌어내고 있다. 김창옥 강사는 자신이 공업고등학교 출신이며 아버지가 청각장애를 지닌 분이라는 사실을 강연에서 자연스럽게 언급하며 개인적인 배경을 드러낸다. 이는 청중에게 인간적인 면모를 부각시키고 강한 몰입감을 형성한다. 김미경 강사 역시 자신이 시골 출신이며 아버지가 돼지를 키우던 분이었다는 점을 숨김없이 밝힌다. 이러한 고백은 현재의 위치와 대비를 이루며, 오히려 청중에게 희망과 용기를 전하는 메시지로 작용한다.

자녀 교육에서 실수 효과 활용법

이러한 실수 효과는 사춘기 자녀 교육에 특히 유용하게 활용할 수 있다. 사춘기 아이들은 작은 실수에도 쉽게 위축되고 깊은 상처를 받기 쉽다. 이때 부모가 먼저 완벽하지 않아도 괜찮다는 메시지를 전하며 자신의 실수와 약점을 자연스럽게 드러낸다면, 이는 자녀에게 큰 위로와 힘이 된다. 우리의 약점과 실수는 숨겨야 할 결함이 아니라 오히려 인간적인 매력을 형성하는 요소이기 때문이다.

실수를 통해 배우고 성장하는 경험은 자녀의 자신감과 도전 정신을 키운다. 중요한 것은 실수를 하지 않도록 막는 것이 아니라, 실수를 경험하며 배울 수 있도록 돕는 일이다. "현자는 매번 다른 실수를 하고, 우둔한 자는 매번 같은 실수를 한다"는 격언처럼 아이들은 도전하고 실패하는 과정을 통해 성장하는 존재다.

결국 자녀 교육에서 가장 중요한 가르침은 '완벽함'이 아니라 '회복력'이다. 실수해도 여전히 사랑받을 수 있고, 넘어져도 다시 시도할 수 있다는 믿음이 아이를 성장하게 만든다. 실수 효과는 단순히 호감을 높이는 심리 현상을 넘어, 자녀가 자신을 있는 그대로 받아들이고 타인과 건강한 관계를 형성하도록 돕는 소중한 교육적 자산이다.

3

자녀에게 감동을
선물하는 부모

옛말에 "내놓고 키운 자식이 효도한다", "소문난 잔칫집에 먹을 것 없다"라는 속담이 있다. 이 속담 속에는 심리학에서 말하는 '기대치 위반 효과'가 숨어 있다. 기대치 위반 효과란, 기대치를 긍정적인 방향으로 벗어날 경우 호감이 증가하고, 부정적인 방향으로 벗어날 경우 호감이 줄어드는 현상을 의미한다.

기대치 위반의 사례

"내놓고 키운 자식이 효도한다"라는 말은 기대치를 긍정적으로 위반했을 때 호감이 상승하는 대표적인 사례다. 예를 들어, 평소 속을 썩였던 자녀가 부모가 예상하지 못한 방식으로 작은 도움이나 용돈을 준다면, 부모는 큰 감동과 고마움을 느낀다. 평소 기대하지 않았던 행동이 이루어질 때 상대방에 대한 호감과 감정은 크게 증가한다.

반대로, "소문난 잔칫집에 먹을 것 없다"라는 말은 기대치가 부정적으로 위반될 때 나타나는 현상이다. 소문으로 인해 잔치에 대한 기대가 높아졌는데 실제 잔치가 기대에 미치지 못하면 사람들은 실망한다. 한 사람의 불평이 다른 사람들에게 전파되면서 호감도와 만족감이 감소하게 된다.

또 다른 예로, "열 번 잘하다 한 번 잘못하면 눈 밖에 난다"라는 말이 있다. 평소 친절한 사람이 갑자기 차갑게 대하면 서운함과 화가 생기고, 평소 무뚝뚝한 사람이 따뜻하게 대하면 감동과 고마움을 느끼게 된다. 이처럼 기대치 위반은 사람의 감정을 증폭시키는 강력한 심리적 힘을 지닌다.

기대치 위반 효과가 강력한 이유는, 사람들은 평소 기대치에 맞춰 행동하고 준비하기 때문이다. 그런데 기대와 다른 결과가 나타나면 우리는 자신의 행동과 판단을 재평가하게 되고, 그 과정에서 감정이 크게 변화한다. 즉, 예상과 다른 행동은 감정과 호감에 큰 영향을 미치게 된다.

실생활에서 기대치 위반 효과 활용하기

기대치 위반 효과를 긍정적으로 활용하여 인맥을 '금맥'으로 만들어 가는 한 기자가 있다. 이 기자는 폭넓은 인맥으로 유명하며, 다른 기자가 비결을 묻자 다음과 같이 답하였다. "난 항상 재벌이나 유명한 사람을 만날 때 내가 밥을 사요. 그들은 누군가에게 밥을 얻어먹은 경험이 거의 없거든요. 식사료를 본인이 계산할 것이라 예상했을 때, 상대방이 밥을 사면 기억에 남지 않을까요?" 이는 기대치 위반 효과를 활용해 상대방에게 호감도를 높인 좋은 사례다. 당연히 자신이 계산할 것이라 생각했던 자리에서 상대가 먼저 배려하면, 자연스럽게 호감이 생기고 상대를 특별하게 여기게 된다. 돈이 많은 사람이라고 해서 돈을 쓰는 것이 아깝지 않은 것은 아닐 것이다.

또 다른 기대치 위반 효과의 사례로는, 큰 기대를 받는 정치가, 재벌 총수, 인기 스타, 국가대표 운동선수 등이 겸손하고 낮은 자세를 보이는 경우가 있다. 이들은 모두 국민을 최우선으로 생각하며, 부와 권력, 인기를 갖추고도 어려운 이웃을 돌보는 태도를 유지한다. 이러한 행동은 예상과 다른 긍정적인 태도로 사람들의 호감도를 증폭시키는 대표적인 사례다.

자녀 교육에서 기대치 위반 효과를 활용하려면 몇 가지 주의할 점부터 짚을 필요가 있다. 먼저, 학습과 보상을 연합하여 기대를 유발하는 방식은 피해야 한다. 흔히 부모들은 자녀의 행동을 강화하기 위해 보상을 조건으로 제시한다. 예를 들어, "학습지를 하면 피자를 시켜줄게", "학원 숙제를 하면 핸드폰 사용을 허락해줄게"와 같은 조건부 대화가 이에 해당한다. 이러한 조건형성이 이루어지면, 행동을 유지하기 위해 매번 강화물이 제공되어야 하고, 강화물이 주어지지 않을 경우 오히려 학습 의욕이 감소하게 된다.

심리학에는 기대치 위반 효과와 관련된 '크레스피 효과'가 있다. 크레스피 효과란 낮은 보상에서 높은 보상으로 변하면 수행이 촉진되지만, 높은 보상에서 낮은 보상으로 변하면 수행이 저하되는 현상을 말한다. 즉, 보상의 크기에 따라 수행이 급격히 변하는 현상을 연구자의 이름을 따서 크레스피 효과라고 한다. 따라서 자녀의 학습 행동을 촉진하려면, 기대가 갈수록 높아지는 상황에서는 강화물도 함께 커져야 한다. 강화물이 제공되지 않을 경우 학습 의욕과 동기가 현저히 감소할 수 있으므로, 조건부 대화를 통해 기대를 유발하는 방법은 주의해야 한다.

그렇다면 기대치를 긍정적으로 위반하는 방법에는 무엇이 있을까? 늘 엄격하고 냉정했던 아빠가 자녀가 실의에 빠졌을 때 자상한 목소리와 부드러운 손길로 위로한다거나, 평소 회사 일로 바빠 얼굴 보기조차 힘들었던 아빠가 수능을 앞둔 자녀 학원 앞에서 기다리며 함께 야식을 먹는 경우, 혹은 첫사랑 열병을 앓는 자녀에게 자필로 쓴 엄마 아빠의 격려와 지지 편지를 전하는 경우가 이에 해당한다.

이처럼 자녀의 기대를 긍정적으로 위반하는 행동은 아이에게 '우리 엄마 아빠에게 이런 면이 있었어?'라는 놀라움을 선사한다. 그 놀라움은 곧 '엄마 아빠는 나를 정말 사랑하는구나'라는 확신으로 이어지며, 아이의 마음에 깊은 감동을 남긴다. 바쁜 일상 속에서도 잠시 걸음을 멈추고, 자녀의 기대를 따뜻하게 넘어서는 순간을 만들어 보자. 가슴으로 기억된 모든 순간은 결국 아름다운 추억이 된다.

소문내면
이루어진다

: **떠벌림 효과** Profess Effect :

떠벌림 효과란 어떤 사람이 행동, 목표 등에 대해 공개적으로 선언이나 표현을 하면, 그에 걸맞게 행동하려는 경향이 생기는 현상을 말한다.

 ## 목표 달성을 돕는 공개 선언의 힘

"담을 넘으려거든 모자부터 벗어서 담장 너머로 던져라"라는 말이 있다. 담 너머로 모자를 던지면, 모자를 주우려다 결국 담을 넘어가게 된다는 뜻이다. 심리학에서는 이와 유사한 개념으로 '떠벌림 효과Profess Effect'가 있다. 떠벌림 효과란 자신의 결심을 주변에 공개적으로 알리면 실행력이 강화되어 목표 달성 가능성이

높아지는 현상을 말한다.

매년 새해가 되면 많은 사람이 새로운 목표를 세우고 다짐한다. "올해부터는 운동을 꾸준히 해야지", "담배를 꼭 끊어야지", "자격증을 취득해야지" 등 다양한 결심을 한다. 그러나 대부분 목표를 세우는 데 그치고 실제로 달성하지 못하는 경우가 많다. 이때 떠벌림 효과를 활용하면, 작심삼일에 그치기 쉬운 목표도 지속적으로 실천할 수 있다.

떠벌림 효과의 원리

목표를 혼자만 다짐하면, 자신 외에는 아무도 알지 못하기 때문에 쉽게 목표를 포기하거나 수정할 수 있다. 그러나 목표를 주변에 공개하면, 목표를 이루지 못할 경우 '책임을 다하지 못하는 사람'이라는 평가를 받을 수 있다는 두려움이 생긴다. 이 두려움이 목표 달성을 위한 의지를 강화하고 실천력을 높이는 역할을 한다.

사회심리학자 모턴 도이치Morton Deutsch와 헤럴드 B. 제라드Harold B. Gerard는 1955년 실험을 통해 떠벌림 효과를 입증했다. 참가자를 세 집단으로 나누어 각 집단이 자신의 의견을 비공개, 잠깐 기록, 공개 서명의 방식으로 알리도록 했다. 그 결과, 공개 서명 그룹에서 의견을 바꾼 사람이 가장 적었으며, 목표나 의견을 공개할수록 달성률과 일관성이 높아지는 사실이 확인되었다.

　　실제 사례도 존재한다. 과거 개그 코너에서 개그맨이 공개
적으로 체중 감량 목표를 선언하고 진행했던 프로그램은 떠벌림
효과를 극대화한 대표적인 예다. 세계적인 사례로는 빌 게이츠
가 2000년대 초 자신의 재산 대부분을 자선 활동에 기부하겠다
고 선언한 일이 있다. 이를 계기로 여러 억만장자가 기부 서약에
동참하였다. 영화 「반지의 제왕」의 감독 피터 잭슨도 영화 3부작
제작 계획을 공개 선언하며 투자자들의 기대와 압박을 받았고,
이를 계기로 영화 제작의 성공을 이루었다.

자녀 교육에서 떠벌림 효과 활용하기

자녀가 목표를 달성하도록 돕기 위해서는 가족회의나 가족이 모
인 자리에서 목표를 이야기하게 하는 것부터 시작한다.

1) 현실적인 목표 설정

자녀가 달성 가능한 목표를 설정하도록 안내한다. 지나치게 높은
목표는 좌절감을 주거나 신뢰를 떨어뜨릴 수 있으므로 실현 가
능한 적절한 목표를 세우는 것이 중요하다.

2) 목표 세분화와 구체화

목표를 단계별로 나누어 실천 계획을 세운다. 예를 들어, '올해
위인전 12권 완독하기'라는 목표는 한 달에 한 권, 하루에 3장씩

읽기, 못 읽은 날은 다음 날 이어서 읽기 등 시간과 장소까지 구체화시킬 수 있다.

노르웨이 심리학자 롤프 레버Rolf Reber는 학생들에게 크리스마스 전에 처리해야 할 일을 적게 한 뒤 목표 달성률을 조사했다. 그 결과, 구체적인 실행 계획을 세운 학생은 3분의 2가 목표를 완수했다. 이 실험은 구체적 실행 계획이 중요함을 보여준다.

3) 정기적 피드백과 지지

부모는 정기적인 피드백과 지지로 자녀가 얼마나 발전했는지, 목표에 얼마나 가까워졌는지를 느끼게 한다. 이는 단순히 자신의 성과를 확인하는 것뿐 아니라, 더 나은 성장을 위한 새로운 목표를 설정하는 동기부여로도 이어진다.

핵심 포인트는 세 가지로 정리할 수 있다.

첫째, 목표를 주변에 공개하면 실천력이 높아진다.

둘째, 단계별 계획과 구체적 실행이 목표 달성에 중요하다.

셋째, 부모의 정기적 피드백과 격려가 자녀의 성장과 동기를 돕는다.

결국 목표를 이루는 힘은 거창한 결심이 아니라, 그 결심을 어떻게 행동으로 옮기느냐에 달려 있다. 떠벌림 효과는 목표를 말로만 끝내지 않고, 삶 속에서 실천으로 이어지게 만드는 심리적 장치다. 자녀가 자신의 목표를 가족 앞에서 당당히 선언하고, 그 약속을 지켜나가도록 따뜻하게 지지해 준다면, 목표는 부담이 아니라 성장의 발판이 된다.

작은 선언 하나가 꾸준한 행동을 만들고, 그 행동이 쌓여 자녀의 자신감과 성취감을 키운다. 오늘 가족 앞에서 나눈 한마디 약속이 내일의 변화로 이어질 수 있다. 떠벌림 효과를 지혜롭게 활용하여 자녀의 도전을 응원해야 한다.

5

자녀의 행동을
수정하고 싶을 때

정적正的 강화 Positive Reinforcement

정적 강화란 행동주의 심리학의 조작적 조건형성에서 사용되는 개념으로 인간이나 동물의 행동을 증가시키거나 감소시키기 위한 전략 중 하나이다.

정적正的 강화로 배우는 자녀 교육법

행동주의 심리학자 B. F. 스키너B. F. Skinner는 20세기 가장 영향력 있는 심리학자 중 한 명이다. 그는 조작적 조건형성Operant Conditioning 이론을 통해 행동주의 심리학 발전에 크게 기여했다. 스키너는 인간과 동물의 모든 행동이 강화reinforcement나 처벌punishment에 의해 형성되고 유지된다고 보았다. 즉, 어떤 행동 뒤에 따라오는 결과가 그 행동의 반복 가능성을 높이거나 낮춘다는 것이다.

스키너는 인간의 행동이 자유의지나 내면의 동기보다는 외부 환경의 자극에 의해 학습되며, 적절한 강화를 통해 조작될 수 있다고 주장했다. 그의 이론은 오늘날 교육, 사회 정책, 행동 수정 치료 등 다양한 분야에서 폭넓게 활용되고 있다.

행동주의 조작적 조건형성 4가지

1) 정적 강화 Positive Reinforcement

정적 강화는 어떤 행동 이후 보상을 제공하여 그 행동의 빈도를 높이는 방식이다. 이 방법은 학교나 가정에서 자주 활용된다. 예를 들어, 아이가 시험을 잘 보았을 때 선물을 주거나, 착한 행동을 했을 때 칭찬하는 것이 이에 해당한다. 이러한 긍정적 자극은 아이가 같은 행동을 반복하도록 만드는 데 효과적이다.

2) 부적否的 강화 Negative Reinforcement

부적 강화는 불쾌한 자극을 제거함으로써 행동의 빈도를 증가시키는 방법이다. 대표적인 예로, 운전 중 안전벨트를 매지 않으면 경고음이 울리다가 벨트를 매면 경고음이 꺼지는 상황이 있다. 이로 인해 운전자는 이후 더 빨리 안전벨트를 매게 된다.

3) 정적 처벌^{Positive Punishment}

정적 처벌은 원하지 않는 자극을 추가하여 행동의 빈도를 줄이는 방식이다. 흔히 아이가 잘못했을 때 야단치는 행위가 이에 해당하며, 교육 현장에서 자주 활용된다. 예를 들어, 학생이 수업 중 장난을 쳤을 때 선생님이 꾸중을 하거나, 숙제를 하지 않았을 때 잔소리를 하는 경우가 있다.

4) 부적 처벌^{Negative Punishment}

부적 처벌은 좋아하는 것을 제거하여 행동의 빈도를 감소시키는 방법이다. 예를 들어, 아이가 말썽을 부렸을 때 TV 시청 시간을 제한하거나, 용돈이나 휴대폰을 압수하는 경우가 있다.

자녀 교육에서 가장 효과적인 방법

그렇다면 자녀 교육에서 가장 효과적인 강화 방법은 무엇일까. 많은 부모는 아이가 학습이나 약속을 지키지 않았을 때 정적 처벌이나 부적 처벌을 사용하곤 한다. 예를 들어, 학습지를 하지 않았을 때 야단을 치거나, 용돈을 줄이고 휴대폰을 압수하는 경우다. 하지만 인간은 본능적으로 누군가 시키는 것을 거부하고 싶은 '청개구리 심리'를 가지고 있다. 이런 심리를 고려할 때, 아이의 행동을 바람직하게 바꾸는 가장 효과적인 방법은 정적 강화다.

예를 들어, 아이가 일주일에 단 하루라도 학습지를 제때 했다면 놓치지 않고 칭찬해 주는 방법이 있다. "와, 오늘 학습지 다 해놓았구나! 할 일을 끝내고 노는 네 모습이 멋지다." 이러한 긍정적 피드백이 누적되면, 아이는 점차 학습지를 하는 날이 늘어나게 된다. 늦게 귀가하는 자녀에게도 마찬가지다. 늦게 들어왔을 때 야단을 치기보다는, 약속을 지켜 일찍 들어온 날을 놓치지 않고 칭찬해 주는 것이다. 아이들은 평생 부모의 말과 행동에 큰 영향을 받는다. 부모의 따뜻한 칭찬과 격려는 아이의 행동 방향을 결정짓는 중요한 요소다.

정적 강화, 봄 햇살 같은 교육법

따뜻한 봄 햇살은 매서운 겨울 칼바람에도 아랑곳하지 않던 켜켜이 쌓인 눈을 순식간에 녹인다. 아이의 행동을 바꾸기 위해 큰 소리로 야단치기보다, 따뜻한 칭찬과 격려를 건네는 정적 강화 역시 그러한 봄 햇살 같은 교육법이다.

물론 인간에게는 부정적인 것에 더 민감하게 반응하는 부정성 편향이라는 심리적 메커니즘이 있어, 이를 실천하는 일이 결코 쉽지 않다. 그럼에도 이 글을 읽는 부모는 아이의 행동을 변화시키고 성장을 돕는 데 정적 강화의 원리를 적극적으로 활용해야 한다. 작은 칭찬 한마디가 아이의 삶에 봄 햇살처럼 따뜻하게 스며들어, 바람직한 방향으로 행동 변화를 이끌 수 있다.

6

중요한 일을 앞두고
딴청 피우는 자녀의 심리

자기 구실 만들기 Self-handicapping

자기 구실 만들기는 실패했을 때 자존감을 지키기 위해 고의적으로 방해 요인을 만들어 놓는 행동 또는 생각을 말한다.

"왜 아이는 항상 핑계를 대고 시작할까?"

일상에서 우리는 흥미로운 심리적 패턴을 발견할 수 있다. 예를 들어, 골프를 하러 나간 사람들은 대부분 이렇게 말한다. "연습할 시간이 없었어요", "오늘 컨디션이 좋지 않아요", "오랜만이라 실력이 많이 떨어졌어요" 등등. 시험을 앞둔 학생들 사이에서도 비슷한 모습이 나타난다. 시험 전날 친구들과 놀러 간 경험을 털어놓는 등, 자신의 실패를 미리 정당화하려는 언어나 행동을 쉽게 확인할 수 있다.

심리학에서는 이를 자기 구실 만들기, 혹은 셀프 핸디캡핑 Self-Handicapping이라고 부른다. 자기 구실 만들기란 중요한 일을 앞두고 실패할 가능성을 느낄 때, 무의식적으로 실패의 '구실'을 만드는 심리적 기제다. 이렇게 실패의 이유를 외부 요인으로 돌림으로써 자신의 자존감을 지키려는 전략이다.

자녀에게 나타나는 자기 구실 만들기

청소년기 아이들은 자아 정체성과 성취 욕구가 민감하게 작용하기 때문에, 시험이나 활동에서 자주 자기 구실을 만든다. "요즘 공부를 하나도 못 했어", "감기 걸려서 머리가 잘 안 돌아가요"처럼 사전에 실패를 정당화하면, 혹시 모를 결과가 나빠도 '내 실력이 부족해서가 아니야'라는 면죄부를 확보하게 된다.

이는 단순한 핑계가 아니라 자기 제시self-presentation의 한 형태다. 자녀는 부모에게 잘 보이려는 욕구가 크기 때문에, 부모의 시선과 평가가 자존감에 큰 영향을 미친다. 따라서 자기 구실 만들기는 자존감을 보호하려는 하나의 전략이다.

부모가 해줄 수 있는 최선의 도움

청소년기 자녀가 중요한 시험이나 행사를 앞두고 '자기 구실 만들기' 행동을 보인다면, 먼저 자존감을 지키고 싶어 하는 자녀의 마음을 헤아려야 한다. 셀프 핸디캡핑은 단기적으로 자존감을 보호하는 데 도움이 될 수 있지만, 장기적으로는 실력 향상의 기회를 놓치게 하고, 오히려 실패를 반복하는 악순환으로 이어질 수 있다. 부모가 할 수 있는 가장 중요한 역할은 실패를 부정적인 결과가 아닌 성장의 과정이자 학습의 기회로 인식하도록 돕는 것이다.

결과 중심의 칭찬보다는 노력과 과정에 대한 긍정적 피드백을 주는 것이 좋다. 시험이나 활동의 결과보다, 과제를 대하는 태도와 성실함을 강조하면 도움이 된다. 아이가 실패하더라도, 그 과정에서 배운 점과 도전한 경험을 인정해 주어야 한다. 아이들은 부모의 말과 태도에 따라 생각과 행동의 방향을 결정한다. 실패를 두려워하지 않고 도전하는 경험이야말로 건강한 자아와 학습 태도를 길러주는 핵심적 요소다.

（7）

인생의 걸림돌을
만났다면

∶ 방어기제 억제 Self-regulation ∶

억제는 성숙한 방어기제 중 하나로, 자신에게 불편하거나 고통스러운 감
정, 충동, 생각 등을 의식적으로 다스리는 심리적 전략이다.

나무

– 시인 이산하

나를 찍어라

그럼 난,

네 도끼날에

향기를 묻혀주마

2006년 8월, 필자의 둘째 아이가 정신과 치료를 받게 되었다. 해외에서 초등학교를 마치고 귀국한 아이는 중학교 입학 직후 한국 학교 문화에 적응하는 데 어려움을 겪었고, 설상가상으로 학교폭력의 피해자가 되었다. 그로 인해 아이는 심한 불안과 망상을 동반한 우울증으로 고통받고 있었다.

이 시를 처음 마주했을 당시, 필자는 분노와 복수심에 휩싸여 있었다. 아이에게 깊은 상처를 준 가해자들을 향해 극단적인 분노만이 마음을 지배하고 있었다. 그러나 시의 한 구절이 그러한 격앙된 감정을 멈추게 했다.

"네 도끼날에 향기를 묻혀주마."

이 순간 필자는 깨달았다. 진정한 복수는 분노에서 비롯되는 것이 아니라, 내가 먼저 향기를 품는 데서 시작된다는 사실이다. 그것은 향기를 지닌 나무만이 할 수 있는 가장 아름다운 복수였다. 그러나 가시나무처럼 굳어 있던 필자의 마음이 변화하기까지는 많은 시간이 필요했다.

아이의 고통과 부모의 자책

그때는 아이의 치료가 무엇보다 최우선이었다. 복수는 잠시 뒤로 미룰 수밖에 없었다. '부모로서 아이가 이렇게 된 줄도 몰랐다니……'라는 자책감 속에서 모든 것이 무너져 내리는 시간이었다. 학교폭력이 피해 학생에게 부정적인 영향을 준다는 사실은

누구나 알고 있다. 그러나 필자의 아이처럼 심각한 정신적 질환
으로까지 이어지는 경우는 흔치 않다.

"왜 우리 아이가 이렇게까지 힘든 상황에 놓이게 된 것일까
요?"

담당 의사에게 던진 이 질문에는 절박함이 담겨 있었다. 담
당 의사는 '취약성-스트레스-대응능력 모형Vulnerability–Stress–Coping
Competence Model'을 설명하며 다음과 같이 말씀하셨다.

"정신질환은 세 가지 요인에서 발생한다. 취약한 뇌 구조라
는 개인적 취약성, 감당하기 어려운 환경적 스트레스, 그리고 이
를 극복할 대응능력의 부족이다."

담당 의사는 취약성을 나무에 비유해 설명했다. 어떤 이는
스트레스를 견뎌내는 튼튼한 나무와 같지만, 또 어떤 이는 가지
와 줄기가 약해 몇 개의 열매만 달려도 쉽게 부러지는 나무와 같
다. 가지에 달린 스트레스의 열매는 다양한 환경적 요인이었고,
이미 약해진 가지를 더욱 심하게 손상시킨 것이 바로 가해 학생
들의 학교폭력이었다. 같은 사건을 겪고도 사람마다 반응의 강도
가 다른 이유는 여기에 있다.

그 순간, 내 아이의 취약성을 제대로 파악하지 못했던 점, 아
이가 감당하기 힘든 스트레스 환경을 제공한 점, 그리고 스트레
스에 대응할 능력을 길러 주지 못한 책임이 엄마인 나에게 있다
는 자책감이 밀려왔다.

분노를 넘어선 선택

처음에는 가해 학생들에게 분노의 도끼를 휘두르고 싶은 심정이었다. 그러나 곧, 나 역시 바람직하지 못한 양육 방식으로 아이에게 적지 않은 스트레스를 준, 또 하나의 가해자였음을 깨닫게 되었다. 이러한 자각 이후 감정은 차분히 가라앉았고, 상황을 보다 이성적으로 바라볼 수 있게 되었다.

결국 학교폭력위원회는 열지 않기로 결정하고, 가해 학생들과의 대화를 선택했다. 그 과정에서 뜻밖에도 다섯 명의 가해 학생 가운데 한 아이가 이후 '진심 어린 수호천사'가 되어주었다. 그 아이는 오랜 시간 필자의 아이를 곁에서 돕고 지켜주었고, 덕분에 아이는 무사히 중학교 과정을 마칠 수 있었다.

학교폭력 사건에 상담사로 참여하다 보면, 사건의 본질은 희미해지고 부모 간의 감정 대립이 격화되어 결국 법적 분쟁으로까지 번지는 경우를 종종 목격하게 된다. 이때 부모들이 반드시 유념해야 할 점은, 그 과정에서 가장 큰 피해자는 결국 아이들이라는 사실이다. 이는 가해 학생뿐 아니라 피해 학생에게도 또 다른 2차 피해를 남길 수 있으며, 상처를 치유하기는커녕 도리어 들추고 헤집어 관계를 더욱 악화시키는 결과로 이어질 수 있다.

따라서 학교폭력 사건이 발생했을 때, 어른들이 개입하여 문제를 해결하고자 하는 궁극적인 목적은 '재발 방지'이어야 한다. 다시는 같은 일이 반복되지 않도록 안내하고 이끄는 것이다. 이를 위해서는 무엇보다 가해 학생 측의 진심 어린 사과가 출발점이 되어야 한다. 필자 또한 학교폭력위원회를 열지 않고 원만한 해결을 선택할 수 있었던 가장 큰 이유는 가해 학생과 부모로부터 진정성 있는 사과를 받았기 때문이다.

이제 성인이 되어 건강하게 성장한 아이를 바라보며, 그때의 선택이 참으로 바람직하고 현명한 결정이었다는 생각을 하게 된다.

심리학이 말하는 성숙한 방어기제

심리학자 프로이트와 그의 딸 안나 프로이트는 방어기제를 통해 인간의 자아가 고통스러운 감정으로부터 자신을 보호하는 전략을 설명하였다. 인간은 완전하지 않기에 매일 갈등과 좌절, 상처를 경험한다. 성숙한 방어기제는 이러한 감정들을 건설적으로 전환하는 능력이다. 성숙한 방어기제의 대표적인 예는 분노와 공격성을 운동이나 예술로 전환하는 승화, 스트레스를 웃음으로 전환하는 유머, 외로움과 불안을 봉사활동으로 해소하는 이타주의가 있다.

이산하 시인의 「나무」는 억제와 승화를 담아낸 시다. 우리 속담에 '미운 놈 떡 하나 더 준다' 역시 억제를 상징한다. 즉각적인 분노 대신 감정을 조절하고 사회적으로 바람직한 방식으로 대응하라는 의미다. 억제와 억압은 다르다. 억제는 성숙한 감정 조절이고, 억압은 미성숙한 회피다. 성숙한 방어기제는 정서적 회복력과 원만한 대인관계를 만든다. 상처가 숙성되어 자양분이 되면 오히려 성장의 디딤돌이 된다.

필자는 그 일을 계기로 부모 교육의 길로 들어섰고, 한층 성숙한 부모가 되었다. 어떤 양육 태도가 우리 아이에게 맞는지, 바람직한 부모의 역할은 무엇인지 스스로 묻고, 공부하고, 실천하며 강의하는 사람이 되었다. 지금 와서 돌아보면, 그 시절의 고통은 내 삶의 전환점이었다. 그 사건이 없었다면 나는 '연구하는 부모'가 되지 않았을 것이다.

누구나 인생에서 예기치 않은 고통을 맞이한다. 그 고통이 우리를 무너뜨릴 수도 있고, 성장하게 할 수도 있다. 결국 중요한 것은 그 고통을 어떻게 '다루느냐'이다. 복수와 분노 대신 성숙한 감정 조절을 선택하는 것. 그러한 생활 태도 또한 우리가 아이들에게 물려줄 수 있는 바람직한 교육이다.

⟨8⟩

자녀와
갈등 줄이기

: **글래서의 욕구이론** Glasser's Basic Needs Theory :

윌리엄 글래서William Glasser의 욕구 이론은 인간의 모든 행동은 5가지 본질적이고 공통된 욕구를 충족시키려는 노력에서 비롯된다고 설명하며 관계에서 갈등도 이 욕구의 충돌이라고 보았다.

사춘기, 부모 역할이 바뀌는 시기

자녀가 사춘기에 접어들면 부모의 일방적인 지시나 통제는 더 이상 예전처럼 효과를 발휘하지 못한다. 이 시기부터 흔히 말하는 '부모-자녀 갈등'이 본격적으로 나타난다. 실제로 사춘기 자녀를 둔 부모 교육 현장에서 가장 자주 듣는 말은 "이제는 아이가 제 말을 전혀 듣지 않아요"라는 호소다.

하지만 자녀가 부모의 기대와 다른 선택을 하고, 통제에 쉽게 반응하지 않는다는 사실은 자녀가 성장하고 있다는 신호다. 이제 부모들은 '절대적 양육자'의 자리에서 한 걸음 물러서, 자녀의 이야기를 충분히 듣고 함께 방향을 찾아가는 상담자적 역할로 변화해야 한다.

사춘기 갈등의 핵심, '충족되지 않은 욕구'

부모와 자녀 사이에 갈등이 생겼을 때 강압적으로 상황을 해결하려 하면 갈등은 오히려 더 깊어질 수밖에 없다. 문제의 원인을 이해하기 위해서는 먼저 자녀가 어떤 욕구를 충족시키려 하는지를 살펴야 한다. 인간의 행동은 우연히 나타나는 것이 아니라, 내면의 욕구를 채우기 위해 선택되는 결과이기 때문이다.

모든 사람은 다섯 가지 기본 욕구를 가지고 있으며, 그 강도는 사람마다 다르게 나타난다. 자녀의 욕구를 정확히 이해하면 갈등의 원인을 명확히 파악할 수 있고, 부모 – 자녀 관계의 긴장도 자연스럽게 완화된다.

현실치료의 창시자, 윌리엄 글래서의 관점

미국의 정신과 의사이자 교육자인 윌리엄 글래서William Glasser는 선택이론^{Choice Theory}과 현실치료^{Reality Therapy}를 통해 인간 행동을 새롭게 설명했다. 그는 기존 정신의학의 병리 중심 관점을 비판하며, 인간은 자신의 행동을 스스로 선택하는 존재라고 보았다.

글래서에 따르면 인간의 심리적 어려움은 뇌의 문제 때문이 아니라, 충족되지 않은 욕구와 어긋난 관계에서 비롯된다. 욕구가 지속적으로 충족되지 않을 경우 불안, 신경증, 문제행동 등이 나타날 수 있다고 보았다.

교육 현장에서 글래서는 통제나 처벌 중심의 지도 방식보다 내적 동기와 건강한 인간관계를 강조했다. 그가 주도한 '좋은 학교'와 '질적 학교^{Quality School}' 운동 또한, 학생을 외적 보상이나 처벌로 움직이게 하기보다 관계를 회복함으로써 변화가 일어난다는 철학에서 출발한다. 글래서가 말하는 인간의 5가지 기본 욕구는 다음과 같다.

글래서의 다섯 가지 기본 욕구

글래서는 인간이 가진 다섯 가지 기본 욕구를 다음과 같이 설명한다.

1) 생존 욕구^{Basic Survival Needs}

생명 유지, 안전, 건강과 관련된 욕구이다. 생존 욕구가 강한 아이는 안정성을 추구하고 조심성이 많으며, 반면 욕구가 약한 아이는 모험을 즐기기도 한다.

2) 힘·성취 욕구^{Power/Achievement}

인정받고 영향력을 발휘하며 성취감을 느끼고자 하는 욕구이다. 힘과 성취 욕구가 강한 아이는 경쟁과 도전에 적극적이며, 욕구가 낮은 아이는 자신을 드러내는 것을 부담스러워한다.

3) 사랑·소속 욕구^{Love and Belonging}

의미 있는 관계를 맺고 친밀감을 얻고자 하는 욕구이다. 사랑·소속 욕구가 강한 아이는 친구 관계에 민감하고 상처를 쉽게 받으며, 욕구가 낮은 아이는 소수의 친구와 깊은 관계를 맺거나 혼자 있는 시간을 즐긴다.

4) 자유 욕구^{Freedom}

자율성과 선택권을 중요하게 여기는 욕구이다. 자유 욕구가 강한 아이는 통제를 특히 싫어하며 창의적 활동에 몰입하고, 욕구가 낮은 아이는 부모의 지시에 비교적 잘 따르는 편이다.

5) 즐거움 욕구^{Fun}

즐거움과 흥미로운 경험을 통해 만족을 얻고자 하는 욕구이다. 이 욕구가 강한 아이는 놀이, 취미, 여행 등 다양한 활동에서 에너지를 얻고 스트레스를 해소하며, 욕구가 낮은 아이는 활동보다는 안정적이고 반복적인 일상에서 만족을 느낀다.

다섯 가지 욕구별 행동 패턴을 이해하기 쉽게 정리하면 다음과 같다.

욕구	설명	강도가 높은 경우 행동	강도가 낮은 경우 행동
생존 욕구	생명 유지, 안전, 건강한 삶	조심스럽고 모험적·위험적 행동 회피	모험적이고 도전적
힘·성취 욕구	타인에게 영향력 행사, 성취와 경쟁, 자아 존중	경쟁적·도전적, 우위 점령 추구	경쟁 기피, 자기표현 부담
사랑.소속 욕구	의미 있는 관계 형성, 애정과 소속감	친구 관계 중시, 갈등 시 상처가 깊음	소수의 친구와 깊은 관계, 혼자 놀이 즐김
자유 욕구	자신의 선택과 독립성, 통제로부터 자유	통제 싫어함, 창의적 활동 선호	순종적, 규칙 준수
즐거움 욕구	재미와 만족, 즐거운 경험 추구	놀이, 취미, 여행 등 즐거움 추구	즐거움보다는 책임이나 의무 우선

게임에 빠진 자녀의 욕구로 보면 이유가 보인다. 자녀가 게임에 몰두하면 많은 부모는 걱정부터 앞선다. 그러나 게임 역시 특정 욕구를 충족하기 위해 선택한 행동일 가능성이 크다. 위에 제시한 것과 같이 사랑·소속 욕구가 강한 아이는 친구들과 연결되기 위해 게임을 한다. 힘·성취 욕구가 강한 아이는 승리와 성장 과정에서 성취감을 얻는다. 자유 욕구가 강한 아이는 간섭 없이 스스로 선택한 활동을 즐긴다. 즐거움 욕구가 강한 아이는 단순히 재미를 추구한다. 따라서 "게임 그만해!"라고 지시하는 것보다 "우리 아이는 어떤 욕구를 채우려고 게임을 하고 있을까?"라고 질문하는 것이 갈등 해결에 훨씬 도움이 된다.

욕구를 이해할 때 갈등은 줄어든다

글래서는 욕구가 충족되면 인간은 안정적이고 행복하지만, 욕구가 충족되지 않으면 갈등·스트레스·문제행동이 나타난다고 설명한다. 건강한 관계를 맺는 사람은 자신의 욕구뿐 아니라 타인의 욕구도 존중할 수 있는 사람이다.

따라서 사춘기 자녀와의 갈등 상황에서, 그 행동을 통해 자녀가 어떤 욕구를 충족하려 하는지 먼저 이해하는 것이 중요하다. 자녀의 욕구를 이해하는 순간, 부모 - 자녀 관계는 훨씬 더 안정되고 깊어진다. 사춘기라는 도전의 시기가 관계 성장을 위한 기회로 바뀌게 된다.

9

자녀와 갈등이
있을 때

문제 해결법은 미국의 교육자 존 듀이가 제시한 이론으로, 인격적으로
동등한 위치에서 민주적인 방법으로 해결하는 win-win 대화법이다.

엄친아'와 존 듀이,
부모-자녀 관계에서 배우는 교훈

한국에서 흔히 쓰는 신조어 '엄친아'는 '엄마 친구 아들'의 줄임
말로, 공부, 인성, 외모, 능력 등 모든 면에서 완벽한 사람을 뜻한
다. 부모가 자녀를 비교할 때 떠올리는 이상적 모델이기도 하다.
흥미롭게도, 교육학의 거목이자 진보주의 교육Progressive Education 의 창시자인 존 듀이John Dewey(1859~1952) 역시 이런 의미에서의 '엄친아'에 가까운 인물이다. 그는 주입식 교육을 비판하고 아동 중심 교육과 경험 학습을 최초로 실천한 혁신가였으며, 1,000편이 넘는 저서와 논문을 남긴 학문적 성취로 유명하다. 말 그대로 '공부가 가장 쉬웠던' 인물이라 해도 과언이 아니다.

그러나 학문적으로 거의 완벽했던 듀이도 가정에서는 부모와 갈등을 겪었다. 야영과 자연 활동을 즐기던 그는, 엄격한 아버지와 걱정 많은 어머니의 잔소리로 스트레스를 받았으며, 회고록에서 "죄를 짓지 않았음에도 부모 앞에서는 죄인이 된 기분이었다"고 기록했다. 이 경험은 듀이가 부모-자녀 관계에 적용한 문제 해결 대화법으로 이어졌다.

그는 문제 해결을 단순한 지시나 통제가 아니라, 부모와 자녀가 함께 탐구하는 과정으로 보았다. 이런 접근은 민주적이며 상호 존중적이어서, 흔히 'Win-Win 대화법'이라고 부른다. 어느 한쪽이 이기거나 지는 방식이 아니라, 부모와 자녀가 서로의 관점을 조율해 모두가 만족할 수 있는 해결책을 찾는 방법이다.

듀이식 문제 해결 대화법 5단계

1) 문제 인식Felt Difficulty

부모와 자녀가 공통의 문제를 인식하고, "해결해야 할 무언가가 있다"는 느낌을 함께 확인한다.

2) 문제 규정^{Problem Definition}

대화를 통해 문제의 본질을 탐색하고 서로의 관점을 교환한다. 여기서 글래서의 욕구 체크지를 활용하면 상대의 욕구를 이해하는 데 더욱 도움이 된다.

3) 가능한 해결책 제안^{Suggestions}

부모와 자녀가 동등한 위치에서 자유롭게 아이디어를 제시하며 다양한 해결책을 탐색한다. 부모는 "그건 안 돼"라는 비언어적 메시지를 주지 않도록 주의한다.

4) 합리적 검토^{Reasoning}

제안된 해결책의 장단점을 비교하고, 서로의 의견을 반영해 최선의 방법을 함께 선택한다.

5) 실험·적용^{Experimentation}

합의된 해결책을 실제로 실행한다.

부모의 지시보다 자녀가 스스로 탐색하고 선택한 해결책이 더 실천 가능성이 크다는 사실은 교육 현장에서 자주 확인되는 원리다.

중학교 1학년 주완이가 게임에 지나치게 몰두해 시력이 나빠진 상황을 예로 들어보자. 부모가 강압적으로 게임을 금지하면, 주완이는 오히려 규칙을 어기거나 몰래 PC방에 갈 가능성이

자녀	자녀 컴퓨터게임 하는 문제 해결책 찾기	부모
●	마음껏 게임을 한다	✖
✖	하루에 1시간씩만 한다	●
●	하루에 3시간씩 한다	✖
✖	하루에 1시간씩 운동하고 하루에 2시간 한다	●
▲	평일엔 안 하고 주말에 5시간 한다	●
●	시험에 1등 하면 맘대로 해도 된다	●
●	학원 학교 숙제 다 해놓고 3시간씩 한다	●

크다. 대신 듀이의 접근법은 자녀가 스스로 문제를 탐색하고 해결책을 선택하도록 돕는 것이다.

문제 해결의 대화법을 통해 주완이와 부모는 하두 3시산 게임이라는 규칙에 합의하였다. 합의된 해결책을 실천하도록 지도하면서, 부모는 자녀가 실천할 때마다 칭찬과 격려를 아끼지 않아야 한다. 부모가 자녀의 노력을 인정하고 긍정적인 피드백을 제공할 때, 자녀는 자연스럽게 약속을 지키려는 동기를 유지하게 된다. 이렇게 작은 성취의 경험은 자율성과 책임감을 길러 주는 토대가 된다.

존 듀이는 학문적 성취만큼이나 인간적인 고민과 갈등을 통해 성장한 인물이었다. 그는 자신의 경험을 바탕으로, 부모와 자녀가 함께 문제를 탐구하고 합의하는 민주적 대화법을 발전시켰다. 이 철학은 단순한 지시나 통제를 넘어, 자녀의 내적 동기를 존중하고 스스로 선택하게 하는 교육적 원리로 이어진다.

오늘날 그의 가르침은 여전히 유효하다. 부모와 자녀가 서로를 이해하고 함께 성장하도록 돕는 실천적 지침은 가정에서뿐만 아니라, 자녀가 자라 사회의 일원으로 살아갈 때도 바람직한 갈등 해결의 기반이 된다. 작은 대화와 성취의 경험이 쌓일 때, 자녀는 스스로 생각하고 선택하는 힘을 갖게 된다. 그리고 그 힘은 단순한 규칙 준수에서 끝나지 않고, 삶의 도전을 마주할 때 스스로 길을 찾는 능력으로 확장된다.

10

사춘기,
이유 있는 반항

: 상상적 관중, 개인적 우화 Imaginary Audience, Personal Fable **:**

상상적 관중과 개인적 우화는 사춘기 자아 중심적인 사고특징으로 모든 사람은 자신을 주목하고 있으며 자신은 특별한 존재라고 생각하는 것이다.

사춘기, 이해와 공감이
필요한 특별한 시기

아동기에서 성인기로 넘어가는 과도기, 바로 사춘기는 매우 특별한 시기다. 이 시기에는 신체뿐만 아니라 마음과 정신, 뇌까지 어른이 되기 위한 준비로 빠르게 변화한다. 변화의 과정에서 이전과는 다른 낯선 반응이나 예측하기 어려운 행동이 나타나 부모를 당황하게 만들기도 한다. 실제로 부모 교육 현장에서 부모들에게 참여 동기를 물어보면, 절반 이상이 이렇게 답한다.

"사춘기 자녀와 더 잘 지내고 싶다."

"사춘기 아이들의 마음을 이해하고 싶다."

사춘기 청소년은 하루가 다르게 키와 체중이 자라 외형적으로 이미 '어른'의 모습을 갖춘다. 하지만 변화는 신체에만 국한되지 않는다. 특히 뇌의 발달이 큰 전환점을 맞이하는 시기이기도 하다. 그래서 흔히 사춘기를 '질풍노도의 시기'라고 부른다.

이 시기는 부모와 자녀 모두에게 도전이자 기회다. 부모는 자녀의 내면을 이해하고, 변화하는 욕구와 감정을 존중하며 함께 성장하는 법을 배울 수 있다. 사춘기의 하루하루는 혼란스러울 수 있지만, 그 속에서 아이와 부모가 서로를 더 깊이 이해하고 공감하는 순간이 싹트는 때이기도 하다.

사춘기 뇌, 왜 감정 기복이 심할까?

청소년의 뇌는 성인의 뇌와 다르다. 이 시기는 대대적인 '리모델링 공사'가 진행 중이라고 볼 수 있다. 우리의 뇌는 크게 다음의 세 영역으로 나뉜다.

· 뇌간: 생명 유지 기능을 담당하며, 태어날 때 이미 완성된 가장 원초적인 영역

· 변연계: 감정, 식욕, 성욕 등을 담당하는 영역으로, 사춘기에 급격히 발달

· 대뇌피질: 사고, 판단, 감정 조절을 담당하는 고등 기능의 중심으로, 평균 27세 정도가 되어야 완전히 성숙

즉, 감정을 담당하는 변연계는 활발히 발달하지만, 이를 조절하는 대뇌피질은 아직 공사 중인 상태다. 그 때문에 사춘기 청소년이 작은 일에도 화를 내거나, 갑자기 울고 웃는 등 감정 기복을 보이는 것은 매우 자연스러운 현상이다. 이미 대뇌피질이 완성된 부모가 청소년 자녀의 눈높이에 맞추어 대화해야 하는 이유도 바로 여기에 있다.

이 시기에는 부모가 이해와 인내로 자녀의 감정을 받아들이고, 공감의 언어로 소통하는 것이 무엇보다 중요하다. 감정을 억누르거나 지적하기보다, 변연계의 강렬한 반응을 있는 그대로 바라보며 대화하는 순간, 자녀는 자신이 존중받고 있음을 느끼고 안정감을 얻는다. 결국 사춘기는 부모와 자녀가 서로의 마음을 알아가는 중요한 시간이다.

청소년기의 자기중심성 이해하기

미국 심리학자 데이비드 엘킨드David Elkind는 청소년기에도 유아기와는 다른 형태의 자기중심성이 나타난다고 설명한다. 청소년

은 추상적 사고가 가능해지면서도, 자신이 보는 세상이 모두에게 동일하게 보일 것이라고 믿는 경향이 있다. 이러한 자기중심성은 크게 두 가지 형태로 나타난다. 하나는 '상상적 관중'이고, 다른 하나는 '개인적 우화' 사고다.

상상적 관중 Imaginary Audience

상상적 관중 현상에서 청소년은 "모두가 나를 보고 있다"라고 느낀다. 머리 모양이 마음에 들지 않으면, 사람들의 시선이 자신만 향할 것이라는 생각에 오랫동안 단장을 한다. 발표에서 작은 실수를 할까 불안해하며, 부모와 외출할 때는 "창피하다"라며 예민하게 반응하기도 한다. 실제로 주변 사람들은 그에게 신경 쓰지 않지만, 청소년은 타인의 시선을 과도하게 의식하며 큰 불안을 느낀다. 집 앞 편의점을 잠깐 가거나 학원에 가는 길에도 거울 앞에서 한참 단장하는 이유가 바로 여기에 있다.

개인적 우화 Personal Fable

개인적 우화 현상에서 청소년은 자신을 특별하고 독특한 존재라고 생각한다. "내 사랑은 아무도 이해하지 못할 것"이라고 믿거나, "나는 사고가 나지 않아, 나는 달라"라고 생각하며, "나는 특별한 운명을 가진 것 같다"고 느끼기도 한다. 이러한 사고 특성 때문에 무모하게 오토바이를 타거나 부모의 자동차를 몰래 운전하는 행동을 하기도 한다. 개인적 우화는 자아 정체감을 형성하는 데 긍정적으로 작용하지만, 때로는 청소년을 위험한 행동으로 이끌 수도 있다.

부모가 할 수 있는 효과적인 대응

상상적 관중에 빠진 청소년에게는 단순히 "괜찮아, 아무도 안 봐"라고 말하기보다 공감이 먼저 필요하다. "그렇게 느낄 수도 있겠구나. 네게는 사람들이 널 주목하는 것처럼 느껴지겠구나"라고 말하며 감정을 먼저 받아주는 것이 중요하다. 그다음, "사람들은 실제로 다른 사람을 얼마나 볼까?", "너는 다른 사람을 얼마나 유심히 바라보니?"와 같은 질문을 통해 현실 감각을 회복하도록 돕는다.

개인적 우화의 경우, 청소년의 "나는 특별하다"는 감각을 부정하지 않고 책임 있는 자기인식으로 확장하는 접근이 필요하다. 예를 들어, 오토바이를 타고 싶어 하는 자녀에게 "그렇게 느낄 수 있지. 그런데 실제 사고를 당한 사람들도 처음엔 자신은 괜찮다고 생각했을 수도 있지 않을까?"라고 질문하면 방어적 태도를 줄이고, 제2의 대안을 함께 탐색하며 스스로 행동 변화를 선택하도록 도울 수 있다.

사춘기의 상상적 관중과 개인적 우화는 문제가 아니라 자연스러운 발달 과정이다. 판단과 훈계보다 공감과 질문이 먼저다. 아이가 스스로 생각을 정리하고 현실을 바라볼 수 있도록 지켜봐 주고 도와주는 것이 핵심이다. 사춘기는 아이와 부모 모두

에게 성장의 시간이다. 서로를 이해하려는 따뜻한 마음과 여유가
무엇보다 중요하다.

에게 성장의 시간이다. 서로를 이해하려는 따뜻한 마음과 여유가

무엇보다 중요하다.

첫사랑의
열병을 앓고 있는
자녀에게

수면자 효과란 처음에는 설득력이 약하거나 신뢰하기 어려운 출처에서 나온 메시지가 시간이 지나면서 오히려 더 설득력을 갖게 되는 심리 현상을 말한다.

사춘기 첫사랑과 건강한 교제

청소년기 자녀를 둔 부모에게 성교육은 단순한 성 지식 전달을 넘어, 자녀가 건강하게 관계를 맺고 감정을 다루도록 돕는 길잡이가 된다. 특히 사춘기에 접어든 청소년은 남성과 여성 호르몬의 급격한 변화로 2차 성징을 경험하며, 성적 호기심과 이성에 대한 관심이 커진다. 이 시기에는 실제로 이성 교제를 시작하는 청소년도 많다. 따라서 부모가 가장 신경 써야 할 지도 방향은 '건강한 교제'이다. 건강한 교제란 단순히 잘 만나는 관계가 아니라, 관계의 시작과 끝까지 안전하고 성숙하게 경험하는 것을 의미한다.

많은 청소년과 부모가 흔히 오해하는 사랑관이 있다. "사랑하니까 간섭한다", "상대는 내 사람이다"와 같은 생각은 사랑을 소유나 통제로 오해한 결과다. 상대의 행동, 인간관계, 시간, 외모까지 지배하려는 욕구는 결국 사랑이 아니라 폭력으로 이어질 수 있다. 또한 자존감이 낮은 청소년은 "너 없으면 나는 무너진다"라는 의존 심리와 버림받음에 대한 두려움으로 불안해하다가, 이별 통보를 받으면 현실을 받아들이지 못하고 집착이나 스토킹 행동으로 이어지기도 한다.

사춘기의 첫사랑 이별은 대부분 처음 겪는 상실이기에 고통이 클 수밖에 없다. 이성 간 사랑은 마음이 하는 일이므로, 관계의 끝은 두 사람 중 한쪽의 감정이 끝났을 때 그 수명이 다한 것으로 볼 수 있다. 그렇다면 아직 마음이 남아 있는 상황에서 상대가 이별을 통보했다면 부모는 어떻게 지도해야 할까? 계속 연락하거나 마음을 돌리기 위해 선물을 보내는 행동은 오히려 상대의 마음을 더 멀어지게 한다. 이럴 때는 '잠시 재우기' 전략이 바람직하다.

관계를 잠시 재우고 성장으로 이끄는 법

심리학에는 '수면자 효과Sleeper Effect'라는 개념이 있다. 처음에는 설득력이 크지 않던 메시지도 시간이 지나면 출처에 대한 기억은 흐려지고, 내용만 남아 설득력이 높아지는 현상이다. 오래된 기억이 아름다운 추억으로 남는 이유도 바로 여기에 있다. 이 효과는 청소년이 첫사랑 이별을 경험할 때에도 적용된다. 이별 직후에는 분노, 슬픔, 미련과 같은 감정이 앞서지만, 시간이 지나면 과도한 감정은 가라앉고 관계 속에서 남았던 긍정적인 기억과 의미만이 차분히 정리된다.

부모가 해줄 수 있는 가장 중요한 역할은, 아이가 억지로 잊도록 재촉하지 않고 시간을 두어 감정을 정리하도록 기다려 주는 것이다. 관계를 잠시 멈추는 선택은 도망이 아니라, 감정을 안전하게 다루는 성숙한 방식이다. 그 시간 속에서 아이는 상처를 남기지 않는 이별과 스스로를 지켜내는 사랑을 배워 간다.

이별 과정에서 부모의 공감과 지지가 특히 중요하다. "시간이 약이야", "다들 겪는 거야"와 같은 논리적 충고보다, "엄마도 예전에 비슷한 아픔이 있었어. 그래서 네가 얼마나 힘든지 조금은 알 것 같아", "사랑해서 아픈 거야. 네가 약해서가 아니야", "이 경험이 너를 망치지 않아. 오히려 너를 더 깊어지게 할 거야", "지금 아픈 건 진짜지만, 영원하지 않아"와 같은 말이 아이에게 더 큰 힘이 된다. 충분한 애도 기간을 제공하고, 도착하지 않는 편지 쓰기, 몰입할 수 있는 운동이나 취미 활동, 영화나 음악 감상 등을 통해 슬픔을 표현하도록 돕는 것도 중요하다.

누군가 사랑이 무엇이냐고 묻는다면, 필자는 '징검다리'라고 답하고 싶다. 배우자를 만나기 전까지 여러 번의 징검다리를 건너야 하며, 마지막 사랑에 도달하기 위해서는 그 징검다리들이 튼튼해야 한다. 매번의 사랑이 건강하려면 성숙한 이별이 필요하다. 도종환 시인의 시구처럼 꽃 한 송이를 사랑하려거든 꽃이 진 후의 정적까지도 사랑해야 한다. 이별까지 포함하는 사랑이야말로 진정 아름다운 사랑이다.

결국 성숙한 이별이란 서로의 자존감을 지키며 안전하게 헤어지는 것이다. 사랑이 영원할 수도 있지만, 그렇지 않을 수도 있다는 사실을 받아들이는 태도 역시 중요하다. 교제 중일 때부터 어떤 이별을 원하는지, 이별을 통보받았을 때 어떻게 받아들일지, 이후 서로를 위해 지켜야 할 행동은 무엇인지 진솔하게 이야기하도록 안내하는 것도 교육의 핵심이다. 부모가 곁에서 감정을 재우는 시간을 허락할 때, 청소년기 자녀는 첫사랑의 아픔을 성장의 자양분으로 전환하며, 이후 건강한 사랑을 경험할 수 있는 기반을 마련하게 된다.

성인이 된 자녀를 둔 부모의 역할

성인 자녀 부모의 바람직한 역할은 관여가 아닌 존중, 지도보다 경청, 통제보다
지지, 의존보다 상호성이다. 즉, 자녀의 삶에 과도하게 개입하기보다 그들의 선택을
존중하고, 필요할 때는 든든한 정서적 지지를 건네는 존재가 되는 것이다.

(1)

에릭슨이 말하는
어른의 자세

: **자아 통합** ego integrity :

자아 통합이란 심리학자 에릭슨이 주장한, 마지막 노년기에 이루어야 할 발달과업으로 자신의 삶을 전반적으로 돌아보았을 때, '실패했던 삶도 의미 있었다'라고 느끼는 것으로 삶을 긍정적으로 통합하고 수용하는 심리적 성숙도이다.

100세 시대, 부모 교육의 새로운 관점

100세 시대가 도래하면서 부모 교육에도 고령화 사회에 맞는 새로운 패러다임이 필요하다. 흔히 부모 교육의 목표는 자녀가 성인이 되어 부모로부터 독립할 수 있도록 돕는 것이다. 자녀가 성인이 되면 경제적·정서적·물리적으로 독립하여 사회 구성원으로서 자립할 수 있어야 한다. 이것이 자녀 교육의 궁극적 목표다.

그러나 현실에서는 부모가 자녀로부터 독립하지 못하고 집착하는 경우가 종종 발생한다. 이미 성인이 된 자녀에게 계속 간섭하고 일상생활에 개입하며, 마음껏 독립하지 못하게 하는 경우가 그렇다. 이럴 때 자녀는 효도라는 이름으로 부모에게 얽매여 제대로 자신의 삶을 살지 못하거나, 반대로 부모와 단절하며 단호하게 떠나는 선택을 하기도 한다.

많은 부모가 이런 상황에서 흔히 하는 말이 있다. "내가 내 아이를 어떻게 키웠는데……". 고액 학원을 보내고, 최고급 옷을 입히며 희생하며 키운 자녀가 감사하기는커녕 부모를 원망하고 멀어지는 경우가 있기 때문이다. 부모들이 흔히 저지르는 착각이 있다. 세상에 자녀를 사랑하지 않는 부모는 없으며, 부모의 사랑은 진심이다. 그러나 부모의 사랑이 진심이라고 해서 표현 방식까지 자의대로 해도 되는 것은 아니다. 부모의 사랑이 자녀에게 받아들여지지 않을 때 문제와 갈등이 발생한다.

자녀 입장에서 강압적 지시나 과도한 통제는 사랑이 아니라 폭력처럼 느껴질 수 있다. 진정한 사랑은 받는 사람이 사랑으로 느낄 때만 사랑이다. 다시 말해, 부모의 사랑은 마음만으로 충분하지 않으며, 표현 방식 또한 중요하다. 성인이 된 자녀를 둔 부모라면 정신분석학자 에릭슨이 제시한 노년기 발달과업을 깊이 숙고할 필요가 있다.

자아 통합과 진정한 어른의 조건

에릭슨은 인간의 삶을 8단계로 나누고, 각 단계에서 달성해야 할 발달과업을 제시하였다. 노년기의 과업은 자아 통합^{self-integrity}이다. 자아 통합이란 살아온 삶을 돌아보며 성공뿐 아니라 실패와 실수 또한 받아들이고 수용하는 것이다. 이렇게 자신을 통합적으로 이해한 노인은 젊은 세대에게 너그러울 수밖에 없다. 실수하고 부족한 사람들에게 따뜻한 격려와 지지를 보낼 수 있다. 이런 노인이 진정한 '어른'이다.

반대로 자아 통합을 이루지 못한 노인은 자신의 부족함과 실패를 인정하지 못하고 절망에 빠진다. 고집과 아집이 강해지고, 다른 사람에게 너그러움을 보여주기 어렵다. 요즘 말로 '꼰대'라고 불리는 태도는 바로 여기서 비롯된다.

100세 시대를 살아가는 부모에게 필요한 것은 자녀에게만 집중한 사랑이 아니라, 자신을 돌아보고 삶을 통합적으로 바라보는, 성숙한 어른으로서의 태도다. 그랬을 때 자녀에게서도 진정한 독립과 건강한 관계를 이끌어낼 수 있다. 부모 교육은 결국 자녀뿐 아니라 부모 자신이 성숙해지는 과정이기도 하다.

참다운 어른의 역할이란 무엇일까?

물 위를 떠가는 배는 가벼울수록 좋을 것 같지만, 실제로는 그렇지 않다. 가벼운 배는 평온한 날에는 잘 나아가지만, 태풍이나 높은 파도가 몰아칠 때는 쉽게 흔들리고 앞으로 나아가기 어렵다. 그래서 배에는 일부러 중심을 잡아 줄 수 있는 밑짐을 싣는다. 이 사회가 하나의 배라면, 어른의 역할은 바로 이 밑짐과 같다. 눈에 띄지 않더라도 사회의 중심을 잡고 균형을 유지하며, 문제 상황에서는 책임을 다하는 것이 진정한 어른다운 행동이다.

성인이 된 자녀를 둔 부모는 관심은 가지되 간섭하지 않는 태도를 가져야 한다. 자녀가 찾아왔을 때 감사한 마음으로 반기고, 설사 자녀가 기대에 미치지 못하더라도 그들이 사회 구성원으로서 역할을 다하고 있다는 사실만으로 만족하며, 원망 없이 응원하고 지지하는 것이 어른의 역할이다.

(2)

부부가 끌리고
갈등하는 이유

: **유사성의 원리, 상호 보완 원리** Principle of Similarity, Principle of Complementarity :

유사성의 원리란 서로 모양이나 특성이 비슷한 것끼리 모아서 이해하려는 인간의 심리적 경향이며, 상호 보완 원리란 서로 다른 성격적 특성이나 능력을 가진 경우, 이러한 차이점이 보완되는 원리이다.

유사 이래 인류는 네 명의 성인聖人을 대표 인물로 꼽아 왔다. 학자마다 약간의 이견이 있으나, 기독교의 창시자 예수 그리스도, 불교의 창시자 고타마 싯다르타, 유교의 창시자 공자, 그리고 서구 교육과 철학의 근간을 이룬 소크라테스가 그들이다. 이들은 시대와 국경을 넘어 존경받는 인물이며, 인류의 정신적·윤리적 토대를 구축한 위대한 지도자들이다. 그렇다면 이 위대한 인물들의 부부관계는 어떠했을까. 그리스도는 평생 독신으로 살았으며, 나머지 세 사람은 대체로 원만한 결혼생활을 이루지 못한 것으로 알려져 있다. 특히 소크라테스의 아내 크산티페는 세계 3대 악처 중 한 사람으로 자주 언급된다.

세계 3대 악처로는 소크라테스의 아내 크산티페, 톨스토이의 아내 소피아 그리고 모차르트의 아내 콘스탄체가 흔히 거론된다. 이처럼 각 분야에서 한 획을 그은 위대한 인물들조차 배우자와 평탄한 관계를 유지하기 어려웠다는 사실은, 부부 사이의 조화가 얼마나 어렵고 미묘한 과제인지를 잘 보여준다.

부부관계의 심리와 사랑의 원리

왜 부부관계는 이토록 좋은 관계를 유지하기 어려운 것일까. 정신분석가 프로이트는 이를 '나르시시즘'의 관점에서 설명한다. 우리가 이성에게 호감을 느끼는 이유는 크게 두 가지다.

첫째, 과거와 현재의 나와 비슷한 사람, 즉 유사성의 원리에 해당하는 상대에게 끌린다. 심리학에서 말하는 유사성의 원리는 사람들이 형태, 색, 크기, 모양 등 비슷한 요소를 하나의 집단으로 지각한다는 법칙이다. 따라서 고향이 같거나 취미가 같고, 가치관이나 종교가 비슷한 사람에게 자연스럽게 호감을 느끼게 된다.

둘째, 미래의 이상적 자아와 닮은 사람, 즉 현재의 나에게 부족한 점을 보완해 줄 상대에게 끌린다. 이것이 바로 '상호 보완의 원리'다. 소극적인 사람은 적극적이고 진취적인 성격에 매력을 느끼고, 덜렁거리는 사람은 차분하고 섬세한 성향을 가진 사람에게 안정감을 느낀다. 이처럼 공통점은 대화를 가능하게 하고, 차이점은 서로를 보완한다. 따라서 부부는 흔히 삶의 가치관은 같고 성격은 반대인 사람에게 매력을 느낀다.

문제는 결혼 후에 발생한다. 결핍을 채워 준다고 느꼈던 성격이 시간이 지나면 오히려 불편함으로 지각되며, 갈등으로 이어진다. 사실 그 불편함이 나의 가장 취약한 부분을 보완해 주고 있음에도 불구하고, 사람은 고마움보다는 불편함을 호소하게 된다. 마치 늘 곁에 있지만 고마움을 잊고 사는 공기와 같은 이치다.

세월이 만드는 헌신적 사랑

그러나 20~30년의 세월을 함께 견뎌낸 부부는 이러한 차이와 갈등을 자연스럽게 이해하게 되며, 서로에게 측은지심을 느끼게 된다. 공자가 말한 '인仁의 마음'은 바로 이 측은지심에서 비롯된다. 자녀가 성장해 독립하고 둘만 남게 된 노년 부부 사이에 흐르는 잔잔한 사랑, 이것이 바로 진정한 사랑이다.

부부 상담 전문가 이남옥 교수는 이 시기의 사랑을 '헌신적인 사랑'이라고 부른다. 사랑에도 성숙 단계가 있으며, 설렘으로 시작된 열정적 사랑은 신혼기를 지나면 오랜 시간 '친밀한 사랑'으로 자리 잡는다. 그리고 이 친밀함을 충실히 쌓아 온 부부만이 마지막 단계인 헌신적 사랑에 도달한다. 이 단계에서는 질투나

성적 욕구보다 배우자의 기쁨과 안녕이 곧 자신의 행복이 된다.

미국 9·11 테러 당시 희생된 한 남편이 아내에게 남긴 마지막 메시지에는 이러한 헌신적인 사랑이 담겨 있다.

여기서 말하는 '어떤 결정'이란 무엇일까. 바로 재혼을 뜻한다. 그는 자신의 죽음 이후에도 아내가 행복하길 간절히 바라며, 필요하다면 재혼하라는 선택을 존중했다. 이것은 헌신적 사랑을 실천한 사람만이 남길 수 있는 메시지다.

우리는 TV 방송 다큐멘터리에서도 이러한 사랑을 어렵지 않게 목격할 수 있다. 식물인간이 된 남편을 지극정성으로 돌보는 아내, 치매에 걸린 아내를 평생 곁에서 보살피는 남편 등 노년 부부라면 누구나 이러한 헌신적인 사랑의 본보기가 될 수 있다. 이미 성인이 된 자녀가 있다면, 그들에게 남길 부모의 마지막 교육은 말로 하는 훈계가 아니라 삶으로 보여주는 사랑의 모습이다.

(3)

유쾌한 변화,
성평등 양육 시대를
맞이하여

: **성인지 감수성** Gender Sensitivity :

성인지 감수성이란 일상 속에서 자연스럽게 자리 잡은 성차별적 요소를 발견하고, 성별 때문에 누군가가 불편하거나 불이익을 겪고 있지는 않은 지 주의 깊게 살피며 행동하는 능력을 뜻한다.

워킹맘 시대와 조부모의 역할

오늘날 여성들의 사회 진출이 많아지면서, 일과 가정을 동시에 품어 안고 살아가는 '워킹맘'의 모습이 더욱 흔해지고 있다. 국가 는 육아휴직 제도와 아이 돌봄 서비스 등 다양한 지원책을 마련 하고 있지만, 여전히 많은 가정에서는 손주를 향한 깊은 사랑으 로 기꺼이 보살핌을 맡아주는 조부모에게 도움을 청하고 있다.

이러한 흐름 속에서 부모 교육 현장에도 '조손 대화법', '조손 육아법'과 같은 강의가 새로운 주제로 자리 잡았다.

하지만 서로 다른 시대를 살아온 만큼 부모와 조부모 사이에는 자연스레 양육 방식의 차이가 생기며, 이는 때로 작은 갈등으로 삶의 표면에 떠오르기도 한다. 그중에서도 성性 역할을 바라보는 관점의 차이는 유난히 뚜렷하며, 세대 간의 간극을 선명하게 드러낸다.

성性에는 생물학적 특성을 뜻하는 'Sex'와 사회적 기대와 문화를 담아낸 'Gender'가 있다. 남녀의 차이가 존재하는 것은 자연의 이치이지만, 그 차이를 근거로 '여자다움'과 '남자다움'을 강요해 온 오래된 고정관념은 많은 사람의 마음에 보이지 않는 상처와 제약을 남겨왔다.

"여자가 왜 저리 목소리가 큰 거야." "여자는 총을 가지고 놀면 안 된다." "남자가 인형 놀이를 왜 하느냐." "남자는 울면 약해 보여서 안 된다."

이와 같은 표현은 이제는 사라져야 할 말들이지만, 한때 일상의 공기처럼 당연하게 사용되던 문장이다. 그런 시절을 살아온 조부모 세대에게 익숙한 사고방식을 단숨에 바꾸라는 요구는 결코 가벼운 과제가 아니다.

성평등과 가족의 새로운 성장

그러나 사회의 흐름은 멈추지 않는다. AI가 인간의 일자리를 개입하는 4차 산업혁명 시대에는 힘의 크기나 체격의 차이를 기준으로 역할을 나누는 방식이 이미 설 자리를 잃어가고 있다.

최고의 플로리스트^{Florist}, 뛰어난 메이크업 아티스트^{Makeup Artist}, 세계가 사랑하는 셰프^{Chef} 등 다양한 분야에서 활약하는 남성들의 모습은 성별로 직업을 나누던 과거의 잣대가 얼마나 낡았는지를 보여준다. 반대로 학사 장교, 건설 현장의 용접공과 같은, 한때 여성에게 닫혀 있던 직업 역시 이제는 당당히 여성의 발길이 닿고 있다.

언어는 시대의 생각을 담아내는 가장 섬세한 그릇이다. 그래서 '폐경'이 '완경'으로, '유모차'가 '유아차'로, '미망인'이 '고 ○○ 씨의 부인'으로 바뀌어 가고 있다. 단어 하나가 담은 온도와 방향이 달라지면서, 우리 사회는 성평등이라는 새로운 가치에 한 걸음 더 가까워지고 있다.

성평등은 남자다움과 여자다움이라는 좁은 틀을 벗어나, 아이 한 사람의 고유한 빛을 그대로 인정해 주는 일이다. 성평등이 여성만을 위한 변화라고 오해하기 쉽지만, 사실 남성에게도 숨을 고르게 하고 삶의 무게를 함께 나누게 하는 흐름이다. 무거운 가장의 책임을 홀로 짊어지지 않아도 되며, 육아를 함께하면서 가족 안에 더 따뜻한 온기를 채울 수 있다. 결국 성평등은 우리 모두를 더 자유롭고 행복하게 하는 변화다.

이제는 열린 마음으로 시대의 결을 느끼고, 오래된 고정관념을 한 겹씩 내려놓아야 한다. 성인지 감수성을 갖춘 조부모는 오늘날 사회가 간절히 필요로 하는 존재다. 성인지 감수성이란, 일상에 스며든 성차별의 그림자를 발견하고 성별 때문에 누군가가 불편함이나 불이익을 겪지 않도록 세심히 살피는 마음의 태도를 의미한다.

아이들에게는 '남자답게', '여자답게'가 아니라, 그 아이답게 살아갈 권리가 있다. 조부모 세대가 시대의 흐름을 이해하고 새로운 시각으로 양육에 함께한다면, 우리의 가족은 더 단단하고 더 따뜻하게 성장할 것이다.

（４）

마음 소통법으로
행복한 가정 만들기

심리상담사 대화법 Counseling Communication Skills

심리상담사들은 공감 소통법을 활용한다. 공감 소통법이란 말 자체에 초점을 두기보다 그 이면의 감정에 주목하여 상대의 마음을 깊이 헤아리고 공감해 주며, 동시에 자신의 감정도 정확히 인식해 말로 표현한다.

우리의 행복을 결정하는 요소는 무엇일까. 어떤 사람이 진정으로 행복한 삶을 누리는 사람일까. 이러한 질문을 바탕으로 하버드대학교는 무려 75년 동안 방대한 종단 연구를 수행했다. 연구 결과, 삶에서 가장 중요한 요소는 인간관계이며, 그 중심에는 친밀한 가족 관계가 자리하고 있었다.

『매일경제신문』의 조사(2020)에서도 '가장 행복했던 순간'으로 가장 많이 꼽힌 것은 가족과 함께한 시간이었다. 대형 사고나 참사 현장에서 죽음을 눈앞에 둔 희생자들이 마지막으로 연락을 시도한 대상 또한 대부분 가족이었다. 이처럼 가족은 우리의 삶에서 매우 중요한 존재임이 분명하다. 그러나 가족 간의 갈등으로 인해 관계가 느슨해지거나 해체되는 가족 또한 점차 늘어나고 있다.

2019년, 예기치 못한 코로나 19가 우리의 삶을 송두리째 바꾸어 놓았다. 불가피하게 단절된 일상이 이어지고, 재택근무로 인해 가족과 함께하는 시간이 늘어났다. 갑자기 좁혀진 가족 간의 거리는 새로운 가정환경을 형성했다. 가족과 함께 있는 시간이 증가한 가정에서는 친밀감이 향상된 경우가 있었지만, 반대로 가족 간 갈등이 심화된 가정도 많았다. 이른바 가족 안에서도 '코로나 블루'가 찾아온 것이다.

가족은 위기 상황에서 서로의 마음을 보듬고 가슴에 온기를 불어넣는 대화를 나누어야 한다. 그러나 때로는 대화를 시도하다가 오히려 갈등이 심화하기도 한다. 다시 말해, 바람직한 대화법을 알지 못하기 때문에 진정한 소통이 이루어지지 않은 것이다.

소통과 마음 듣기

소통이란 평소에 대화가 원활하여 서로의 뜻이 통하고 오해가 없는 상태를 의미한다. 따라서 소통이 잘 이루어지는 공동체가 건강한 공동체이며, 소통이 이루어지는 가정이 건강한 가정이다.

그렇다면 소통이 잘 이루어지려면 어떤 대화를 나누어야 할까. 상담 심리학에서는 마음을 경청하는 대화법을 제시한다. 심리상담사는 일반인과 달리 상대방의 마음 깊은 곳까지 귀를 기울이며 대화를 진행한다. 내담자가 침묵하더라도 고개를 끄덕이며 속마음을 받아준다.

소통은 말을 통해 이루어지며, 말은 마음에서 비롯된다. 따라서 대화란 단순히 메시지를 주고받는 행위가 아니라, 감정을 교류하고 마음을 나누는 과정이다. 보통 우리는 상대방의 표현만 듣고 논리로 답하려는 습관이 있다. 그러나 이렇게 하면 상대방의 마음은 오히려 멀어질 뿐이다.

예를 들어 아내기 남편에게 "당신이 청소하겠다는 약속을 지키지 않아 내 일정이 엉망이 되었어요"라고 말했을 때, 남편이 "고작 청소 안 한 것 때문에 일정이 엉망이 됐다고? 또 내 탓이야?" 또는 "내가 언제 약속했는데?"라고 반박하면 대부분 부부싸움으로 번질 수 있다. 그러나 논리로 사실을 따지지 않고, 말에 담긴 마음을 들어준다면 상황은 달라진다. "내가 약속을 지키지 않아 섭섭했구나"라고 대응하면 아내의 감정은 빠르게 안정될 수 있다. 마음이란 감정이며, 감정에는 옳고 그름이 없다. 다만 "그렇구나" 하고 수용할 수 있을 뿐이다.

'나 전달법 I-message'의 활용

대화를 제대로 하려면 상대방의 마음뿐 아니라 자신의 마음도 잘 알아야 한다. 분노가 폭발하는 상황의 대부분은 자신의 진짜 감정을 모르고, 엉뚱한 감정으로 표출되는 경우가 많다.

여기서 유용한 방법이 '나 전달법I-message'이다. 나 전달법은 자신의 진짜 마음을 솔직하게 꺼내 전달하는 화법이다. 예를 들어, 아내가 "당신이 청소하겠다는 약속을 지키지 않아서 내 일정이 엉망이 되었어요"라고 말하는 대신, "당신이 약속을 지키지 않아 섭섭해요"라고 감정을 직접 표현하면 대화가 훨씬 원활하게 이어진다.

자녀에게 "왜 이렇게 귀찮게 구니?"라는 '너 전달법'으로 말하면, 아이는 "엄마가 나를 귀찮아하는구나, 나를 사랑하지 않는구나"라고 오해할 수 있다. 반면 "엄마가 지금 피곤해서 쉬고 싶어"라고 '나 전달법'으로 표현하면, 아이는 상처받지 않고 엄마의 상황과 마음을 이해할 수 있다.

청자聽者 역할의 중요성

대화에서는 말하는 화자보다 잘 들어주는 청자 역할이 우선되어야 한다. 상대의 마음을 직접 듣고 수용한 후 내 사정을 이야기하면, 충분히 이해받은 상대도 기꺼이 귀를 기울인다. 이렇게 마음을 들어주면 속마음까지 털어놓게 되며, 상담 심리학에서 제시하는 이상적인 대화가 이루어진다.

이 대화법이 익숙해지면 사소한 감정까지 공감할 수 있어 마음의 허기가 줄고, 친밀감은 한층 높아진다. 마음을 열고 내면을 소통하게 하는 이 대화법은 바쁜 시대를 살아가는 오늘날 가족에게 더욱 필요한 소통법이다. 교육 현장에서 한 수강자가 "가족이란 무엇인가?"라는 질문에 답한 말이 오래도록 기억에 남는다.

"가족이란 풍선이다. 왜냐하면 따뜻한 입김을 불어 넣으면 날아갈 듯 행복해지기 때문이다"

5

삶의 터전을
꽃밭으로 만드는
사람들

게리 채프먼이 제시한 다섯 가지 사랑의 언어는 사람마다 사랑을 느끼고 표현하는 방식이 다르다는 이론이다.

미국 심리상담사 게리 채프먼^{Gary Chapman}은 40년 넘게 상담 현장에서 활동한 전문 상담가다. 일생을 상담에 헌신하며 수많은 내담자를 만나온 경험을 바탕으로, 친밀한 관계에 대한 통찰을 정리한 책이 세계적인 베스트셀러 『5가지 사랑의 언어』다.

그가 제안한 '5가지 사랑의 언어^{5 Love Languages}'란 사람마다 사랑을 느끼고 표현하는 방식이 서로 다르다는 이론이다. 같은 행동이라도 어떤 이에게는 깊은 사랑으로 받아들여지지만, 다른 이에게는 큰 의미로 와닿지 않을 수 있다. 아래는 다섯 가지 사랑의 언어를 이해하기 쉽게 정리한 내용이다.

1) 인정의 말 Words of Affirmation

칭찬, 격려, 감사, 인정 등 말로 사랑을 표현 받을 때 가장 큰 사랑을 느끼는 유형이다. 예를 들어서 "수고했어, 네가 정말 자랑스러워", "고마워, 네가 있어서 든든해"와 같은 말 한마디에 기분이 좋아지고, 반대로 비난이나 차가운 말에는 쉽게 상처받는다.

2) 함께하는 시간 Quality Time

상대에게 온전히 집중하여 함께 시간을 보내는 것을 통해 사랑을 느끼는 유형이다. 중요한 점은 시간을 얼마나 오래 보내느냐가 아니라 '집중과 연결'이다. 예를 들자면 산책하며 대화하기, 휴대폰 없이 식사하기, 아이와 눈을 맞추며 놀이하기 등이다.

3) 선물 Receiving Gifts

상대에게서 선물을 주고받는 과정을 통해 사랑을 느끼는 유형이다. 선물의 가격보다 마음과 준비 과정, 의미에서 사랑을 느낀다. 핵심은 "내가 너를 생각했어"라는 메시지다. 예를 들자면 작은 간식, 꽃 한 송이, 상대 취향을 기억해 준비한 선물 등이다. 이 유형은 기념일이나 그 밖의 중요한 날을 잊으면 실망이 클 수 있다.

4) 봉사 · 헌신 Acts of Service

말보다 행동으로 도와줄 때 사랑을 느끼는 유형이다. 상대의 부담을 덜어주는 행위 자체가 사랑의 표현이 된다. 예를 들자면 설거지하기, 배우자의 업무 돕기, 아이 준비물 챙기기 등이다. 말만 하고 행동이 없다면 사랑으로 느끼기 어렵고, 요청을 무시하면 상처가 될 수 있다.

5) 신체적 접촉 Physical Touch

포옹, 손잡기, 쓰다듬기 등 스킨십을 통해 사랑을 느끼는 유형이다. 이 언어는 특히 아이들에게 중요하다. 예를 들어 포옹, 손잡기, 어깨 토닥이기 등이 해당한다. 단, 상대가 원치 않는 접촉은 불편함을 줄 수 있으므로 "괜찮을까?"라고 묻는 태도가 필요하다.

다음은 5가지 사랑의 언어 진단 체크리스트다. 당신의 사랑의 언어는 무엇인지 확인해볼 수 있다.

♡ 5가지 사랑의 언어 진단 체크리스트 ♡

아래 문항에 0~4점으로 표시

0점 전혀 아니다/1점 별로 아니다/2점 보통/3점대체로 그렇다/ 4점 매우 그렇다

① 인정의 말형

칭찬이나 감사의 말을 들으면 좋은 기분이 오래 간다.

누군가 내 장점을 말해주면 큰 힘이 된다.

비난이나 차가운 말에 쉽게 상처받는다.

"고마워", "잘했어" 같은 말이 사랑처럼 느껴진다.

중요한 순간에 응원의 말을 듣는 것이 큰 의미가 있다.

합계: _________ 점

② 함께하는 시간형

함께 있으면서 온전히 대화하는 시간이 가장 행복하다.

상대가 나에게 집중하고 있다는 느낌이 중요하다.

함께하는 시간을 방해받으면 서운하다.

특별한 활동보다 함께 보내는 '질 있는 시간'이 더 좋다.

대화할 때 스마트폰이나 TV가 켜져 있으면 기분이 떨어진다.

합계: _________ 점

③ 선물형

작은 선물에서도 큰 감동을 느낀다.

내 취향을 기억해 준 선물은 사랑의 표시라고 느낀다.

기념일에 아무것도 받지 못하면 실망한다.

누군가 나를 생각하며 준비해 준 선물이 소중하다.

깜짝 선물을 받으면 하루 종일 기분이 좋다.

합계: _________ 점

④ 봉사/헌신형

누군가 나를 위해 무언가 도와주면 사랑받는다고 느낀다.

말보다 행동이 더 중요하다고 생각한다.

집안일을 대신해 주는 사람이 고맙고 특별하게 느껴진다.

힘든 걸 도와주는 행동이 가장 큰 애정 표현처럼 느껴진다.

부탁한 일을 성의 있게 해줄 때 마음이 따뜻해진다.

합계: _________ 점

⑤ 신체적 접촉형

포옹이나 손잡기 같은 스킨십이 편안하고 좋다.

누군가 어깨를 토닥여주면 위로받는 느낌이 든다.

따뜻한 스킨십이 없으면 정서적으로 멀어진 느낌이 든다.

스킨십은 사랑을 표현하는 자연스러운 방법이라고 생각한다.

가까운 사람과 스킨십을 할 때 안정감을 느낀다.

합계: _________ 점

※ 해석

· 가장 높은 점수=나의 대표적 사랑의 언어

· 비슷하게 높은 언어가 여럿이면 복합형

· 낮은 점수=그 방식으로는 사랑을 잘 느끼지 못함

　이러한 사랑의 언어를 알아야 하는 이유는 사람마다 서로 다른 방식으로 사랑을 표현하고 받아들이기 때문이다. 부모가 '봉사'를 사랑의 표현이라 여기며 열심히 도와주어도, 아이가 '인정의 말'을 필요로 하는 유형이라면 사랑이 충분히 전달되지 않을 수 있다. 따라서 상대의 사랑의 언어를 이해하고 그 언어로 표현하는 것이 관계 만족도와 친밀감을 크게 높인다. 다음은 각 유형별로 사랑의 언어를 실천하는 방법이다.

<h3 style="text-align:center">사랑의 언어별 실천 방법</h3>

• 인정의 말형

"오늘도 파이팅이야", "고마워, 늘 노력하는 거 알아", "괜찮아, 다음엔 더 잘할 수 있어", "네가 자랑스러워" 등 인정과 격려의 말을 자주 건넨다.

• 함께하는 시간형

하루 10~20분이라도 휴대폰 없이 대화하기, 주말 산책, 차 한잔, 영화 보기, 가족과 눈 맞추기, 부부는 주 1회 데이트 시간 확보 등이다. 단, 같이 있어도 딴짓하면 오히려 큰 실망을 줄 수 있다.

• 선물형

배우자가 좋아하는 간식 사 오기, 이유 없이 꽃 한 송이, 손편지, 여행 기념품 등이 있으며, 작은 선물과 함께 "당신이 생각이 나서 샀어"라고 말하기이다. 비싼 선물이 중요한 것이 아니라 기념일을 잊지 않고 챙기는 것이 핵심이다.

• **봉사·헌신형**

집안일 대신 해주기, 장보기, 차량 점검, 아이 숙제 돕기 및 준비물 챙기기 등 실질적인 도움이다. 말만 하고 행동이 없으면 사랑으로 느끼지 못함을 주의해야 한다.

• **신체적 접촉형**

포옹, 손잡기, 어깨 감싸기, 아이에게 머리 쓰다듬기, 하이파이브, 어깨 토닥토닥 등이다. 하지만 상대가 원치 않는 상황에서 과도한 스킨십은 오히려 불편함을 줄 수 있으므로 주의해야 한다.

이 다섯 가지 사랑의 언어는 가족 관계에만 국한되지 않는다. 이미 성인 자녀를 둔 부모라면 이웃과 사회적 관계 속에서도 이를 실천하며 바람직한 삶의 본이 될 수 있다. 다섯 가지 사랑의 언어를 한마디로 표현하면 '나눔과 배려'라 할 수 있다.

노년기에 잘 사는 삶이란 무엇일까. 흔히 "나이가 들면 입은 닫고 주머니는 열어라"라는 우스갯소리가 있다. 그 속에는 깊은 지혜가 담겨 있다. 간섭을 줄이고, 가진 것을 나누며, 함께 더불어 사는 삶이 바로 참된 노년의 모습이라는 메시지다.

어느 시골 마을에 두 할머니가 살았다. 한 분은 학식과 교양을 갖춘 부잣집 할머니였고, 다른 한 분은 가난한 할머니였다. 가난한 할머니는 집에 우물이 없어 여기저기서 물을 퍼 와야 했고, 새 양동이를 살 돈도 없어 몇 년 동안 구멍 난 양동이를 사용해야 했다. 어느 날, 자신의 처지가 서러워 신께 울부짖었다. "신이 시여, 왜 저는 저 부잣집 할머니보다 못해 이렇게 고생해야 합니까?"

그때 하늘에서 응답이 들려왔다.

"물을 나르던 길을 돌아보아라." 할머니가 눈물을 닦고 길을 바라보니, 그동안 걸어온 길가에는 예쁜 꽃들이 활짝 피어 있었다. 구멍 난 양동이에서 떨어진 물이 씨앗을 틔우고, 길을 온통 꽃밭으로 만든 것이었다.

노년을 잘 산다는 것은 부잣집 할머니처럼 혼자 잘 사는 것일까. 그보다는 가난한 할머니처럼 조금 허술하고 손해 보는 듯해도, 나누고 베풀며 주변을 꽃밭으로 만드는 삶이야말로 잘 사는 삶일 것이다.

(6)

하루를 1년으로
만드는 비법!

: **펠트 타임** Felt Time :

펠트 타임이란 체감 시간이라는 뜻으로 시간 인식은 각자의 주관적인 뇌의 정보처리 방식과 관련이 있다는 이론이다.

우리가 느끼는 삶의 속도는 나이에 따라 달라진다고 이야기된다. 예를 들어 40대에는 시속 40km로, 60대에는 시속 60km로, 80대에는 시속 80km로 흐른다고 비유하기도 한다. 물론 이는 체감적인 비유일 뿐이지만, 이를 과학적으로 연구한 심리학자가 있다.

독일의 심리학자 마르크 비트만Marc Wittman은 우리의 삶에서 시간이 어떻게 주관적으로 느껴지는지를 연구했다. 그의 저서

『The Science of How We Experience Time』에서 '체감 시간felt time'이라는 개념을 제시했다. 그는 시간 인식이 객관적 시간이 아니라 뇌의 정보처리 방식과 관련 있으며, 나이가 들수록 새로운 자극이 줄고 반복되는 경험이 많아지면 시간이 빠르게 느껴진다고 설명한다.

예를 들어 10살에게 1년은 인생의 10%에 해당하지만, 40살에게 1년은 단 2.5%에 불과하다. 뇌는 시간을 절대값보다 상대적 비율로 인식하는 경향이 있어, 나이가 들수록 같은 1년이 더 짧게 느껴진다.

영국의 심리학자 클라우디아 해먼드Claudia Hammond는 시간 지각 연구를 통해, 나이가 들수록 시간이 빨리 느껴지는 이유를 기억 형성과 사건 수 감소 관점에서 설명했다. 어린 시절에는 새로운 경험이 많아 기억이 풍부하지만, 성인이 되면 반복되는 경험이 많아 기억이 덜 남기 때문에 시간이 빨리 흘러간 것처럼 느껴진다. 이는 낯선 장소로 찾아갈 때보다 한 번 경험한 길을 되돌아올 때 시간이 짧게 느껴지는 이유와도 일치한다.

시간을 길게 느끼는 방법

나이가 들면서 시간이 빠르게 흐른다고 느끼는 이유는 새로움이 줄어들기 때문이다. 어린 시절에는 학교, 학원, 친구, 여행, 감정 등 다양한 상황과 장소에서 새로운 경험을 많이 한다. 성인이 되면 출근, 업무, 익숙한 사람과의 만남 등 반복적인 일상이 많아진다. 그래서 "벌써 1년이 지났어?"라는 느낌이 생긴다. 정리하면, 기억에 남는 사건이 많을수록 과거를 돌아볼 때 시간이 길게 느껴지고, 반복되는 일상이 많을수록 시간이 압축된 것처럼 느껴진다.

그렇다면 누구에게나 공평하게 주어진 짧은 시간을 길게 체감하며 살아가려면 어떻게 해야 할까. 위 이론에 따르면, 의도적으로 새로운 경험을 늘리는 것이 중요하다. 새로운 취미를 시작하고, 출근길을 바꾸며, 낯선 사람을 만나고, 여행하고, 공부하며 도전하는 방법이 있다.

나이는 한계가 아니다: 도요타 시인 이야기

일본의 시인 도요타豊田는 99세에 등단하여 100세에 시집을 발간했다. 그는 젊은 시절 문학 활동을 하지 않았고, 바쁜 일상을 살아오다 노년에 시를 쓰기 시작했다. 그래서 그의 시는 화려하지 않고, 오히려 일상적이고 소박한 언어로 삶의 끝자락에서 바라본 시간을 담백하게 풀어낸다. 도요타 시인의 시가 주목받는 이유도 여기에 있다.

아침에 눈을 떴다는 사실 자체에 대한 감사, 점점 느려지는 몸과 마음, 이미 떠나보낸 사람들에 대한 기억, "오늘이 마지막일지도 모른다"는 인식 속에서도 이어지는 노화를 비극으로 보지 않고, 걷는 속도가 느려지고 기억이 더뎌지는 자신을 담담하게 관찰한다. 죽음을 두려움의 대상이 아니라 곁에 조용히 앉아 있는 존재처럼 묘사하며, 독자에게는 지금의 삶을 소중히 여기고 남은 시간을 정직하게 살고 싶게 만드는 힘을 준다.

그의 시는 '오래 살아서 쓸 수 있었던 시'가 아니라, '오래 살아서야 비로소 쓸 수 있었던 시'다. 이는 배움과 창작에는 늦은 때란 없으며, 살아온 경험 자체가 강력한 표현 자산이 될 수 있다는 교훈을 준다.

나이는 도전의 마감 기한이 아니다: 샌더스 이야기

세계적인 프랜차이즈 KFC의 창업자 샌더스^{Colonel Harland Sanders}는 65세에 창업했다. 그는 어린 시절 아버지를 잃고 생계를 책임져야 했으며, 농부, 철도 노동자, 보험 판매원, 주유소 직원 등 수많은 직업을 전전하며 번번이 실패했다. 그러나 프라이드 치킨에 대한 남다른 열정을 가지고, 비밀 양념 레시피를 들고 미국 전역의 식당을 찾아다니며 제안했다.

수백, 수천 번의 거절에도 포기하지 않고 계속 도전한 끝에 한 식당이 그의 치킨 조리법을 받아들였고, 입소문을 통해 가맹점이 점점 늘어나 KFC가 탄생했다. 샌더스는 노년에 세계적인 성공을 거두며, "포기하지 않은 사람의 상징"이자 나이는 도전의 마감 기한이 아니라는 메시지를 전했다.

초고령 사회를 맞이하면서 부모 교육의 새로운 패러다임 중 하나는 이미 성인이 된 자녀와의 '독립'이다. 여기서 말하는 독립은 자녀와 단절하라는 뜻이 아니라, 자녀를 지지하고 격려하면서도 불필요한 간섭이나 개입은 하지 않는 것을 의미한다. 또한 부모 스스로 건강한 삶을 유지하고, 자신의 삶을 즐기며 살아감으로써 자녀가 부모를 걱정하지 않도록 하는 것도 중요한 요소다.

체감 시간Felt Time을 늘리려면, 지금 해보고 싶은 일을 시도하는 것이 좋다. 그러므로 지금부터 버킷리스트를 작성해 보는 것을 권한다. 글쓰기, 노래, 악기 연주, 연극, 사진, 춤 등을 배우는 과정에서 뜻밖의 재능이 발휘되어 젊었을 때보다 오히려 더 활기찬 노년을 보낼 수 있다. 황혼기에 남은 시간을 의미 있게 활용하며 살아가는 모습은 자녀에게도 훌륭한 본보기가 되며, 자녀 교육의 아름다운 마무리가 될 것이다.

**심리를 알면
자녀 교육이
보인다**

© 김정미, 2026

초판 1쇄 2026년 4월 14일 찍음

초판 1쇄 2026년 4월 30일 펴냄

지은이 | 김정미

펴낸이 | 강준우

인쇄·제본 | 지경사문화

펴낸곳 | 인물과사상사

출판등록 | 제17-204호 1998년 3월 11일

주소 | (04031) 서울시 마포구 동교로 22길 29, 성지빌딩 301호

전화 | 02-471-4439

팩스 | 02-474-1413

ISBN 978-89-5906-832-6 03190

값 17,000원

저작물의 내용을 쓰고자 할 때는 저작자와 인물과사상사의 허락을 받아야 합니다.
파손된 책은 바꾸어 드립니다.